Edda Reschke

Feuer und Sturm

Mit Kindern Pfingsten erleben

LAHN

Die Deutsche Bibliothek – CIP-Einheitsaufnahme

Reschke, Edda:
Feuer und Sturm: mit Kindern Pfingsten erleben / Edda Reschke. –
Limburg: Lahn-Verlag, 1998
ISBN 3-7840-3149-8

Wir danken den Autorinnen und Autoren sowie den Verlagen für die uns freundlicherweise erteilten Abdruckgenehmigungen.

Gedruckt auf chlorfrei gebleichtem, umweltfreundlichem Papier.

© 1998 Lahn-Verlag, Limburg
Lektorat: Anne Voorhoeve
Layout: Jürgen Weber
Umschlagillustration und Zeichnungen: Stefanie Groß, Wörth
Litho: Limburger Offsetdruck, Limburg
Notensatz: Nikolaus Veeser, Freiburg
Satz: Typo Schröder, Dernbach
Druck und Bindung: Clausen & Bosse, Leck
Printed in Germany

Mit dem Kauf des Werkbuchs wird die Genehmigung zur Kopie der Malvorlagen erteilt.
Ansonsten kann ein Abdruck nur mit Genehmigung erfolgen.

ISBN 3-7840-3149-8

Inhalt

Die Geschichte »Pusteblume«
ist meiner Tochter Miriam gewidmet.

Vorwort

Vor etwa 20 Jahren begann ich meine Arbeit als Erzieherin im Kindergarten und Kindergottesdienstbereich. Regelmäßig wurde mit den Kindern Weihnachten und Ostern vorbereitet und gefeiert. Pfingsten wurde übergangen. Wir modernen Menschen fühlen uns unsicher mit Begriffen wie »Himmelfahrt« und »Ausgießung des Heiligen Geistes«.

Das Ausfallen-Lassen des Pfingstfestes ist jedoch wie ein unvollendeter Kreis. Gerade Pfingsten ist die Geburtsstunde unserer christlichen Kirche. Pfingsten ist die weltweite Botschaft: Der Tod Jesu ist nicht Ende, sondern Neubeginn; die Liebe Jesu bleibt uns erhalten, auf wunderbare, neue Weise. »Denn ich bin bei euch alle Tage« (Lk 24,46) – eine schöne Botschaft! Ich bin nicht allein. Ich werde getragen von der göttlichen Liebe, auch wenn ich sie mit Augen nicht sehen kann und es manchmal keine Worte dafür gibt. Kinder und Erwachsene brauchen diese Hoffnung, die Lebenshilfe sein kann.

Das Buch »Feuer und Sturm« möchte Erwachsenen Möglichkeiten aufzeigen, mit Kindern Pfingsten zu feiern. Das Buch ist Ergebnis vieler Erfahrungen im Laufe der Jahre. Besonders danke ich den Kindern, mit denen ich Pfingsten feiern durfte. Sie waren in ihrer Unbefangenheit und Klarheit meine besten Lehrer. Dank gilt auch Barbara Brennemann und Sophia Taylor für ihre liebevolle Unterstützung während meiner Arbeit an diesem Buch.

Ich wünsche allen Leserinnen und Lesern Freude und Mut, sich mit Kindern auf Pfingsten einzulassen.

Zweibrücken, im November 1997

Edda Reschke

Einführung

Zwei kirchliche Feiertage folgen dicht aufeinander: Himmelfahrt und Pfingsten. Beides sind Feste, mit denen wir unsere Schwierigkeiten haben. In unserem Kulturkreis ist die Bedeutung dieser Feiertage mehr und mehr aus dem alltäglichen Bewusstsein gerückt. Himmelfahrt ist zum Vatertag geworden, Pfingsten zum Ausflugswochenende. Traditionen wie zu Weihnachten und Ostern sind für diese Feiertage wenig bekannt. Nur vereinzelt erinnert man sich noch an alte Bräuche. Die moderne Welt tut sich schwer mit Begriffen wie »Himmelfahrt« und »Heiliger Geist«.

In Himmelfahrt und Pfingsten liegt jedoch der Ursprung unseres christlichen Glaubens. Ostern kann nur mit ihnen als Ganzheit erfahren werden. Ohne diese grundlegende Einheit ist der eigentliche Sinn unseres Glaubens nicht zu erfassen.

Kernstück ist die *Auferstehung*. Sie geht über das von Menschen Fassbare hinaus: Jesus ist gestorben und trotzdem gegenwärtig. Seine Liebe bleibt in uns und mit uns, sie ist der Geist Gottes. Sie zeigt, was wir mit Augen nicht sehen, mit Ohren nicht hören, mit Händen nicht anfassen können. Auch die Jüngerinnen und Jünger erkennen ihn nicht nur durch bloßes Hinsehen.

Gottes Geist ist unendlich im Leben und im Tod. Nichts ist für Gottes Kraft unmöglich, wie uns der Ostermorgen zeigt. Sie ist Hoffnung für uns alle. Und doch gibt sie uns kein vorgefertigtes, problemloses Leben, sondern schickt uns auf die »Lebensreise«. Dieselbe Kraft, die Gott Adam in die Nase haucht: Der Atemhauch Gottes erst lässt Adam leben. Dieselbe Kraft, die Jesus seinen Jüngerinnen und Jüngern verspricht: Ohne diese Kraft, diesen Mut wäre die Kirche tot.

Mehrmals erscheint Jesus Menschen. 40 Tage nach seiner Auferstehung, an *Himmelfahrt*, enden diese Erscheinungen: Die irdische Zeit Jesu ist vorbei. Sie ist der Same, dessen Früchte erst später reifen.

Pfingsten – Ausgießung des Heiligen Geistes – ein abstrakter Begriff? Das Wort »Pfingsten« kommt aus dem

Griechischen und bedeutet: 50 Tage danach – *penta coste*. Pfingsten ist der Abschluss der Osterzeit. Danach ist Jesus durch den Geist gegenwärtig. Der Geist ist die Frucht des Lebens Jesu. Wer ihn spüren will, muss sich öffnen, auf den Weg machen, in Bewegung kommen. Wer ihn spüren will, darf nicht starr sein.

Der Sturm in Jerusalem zeigt uns, was BeWEGung in die WEGE leitet: Gottes Geist öffnet und wandelt uns, lässt uns mit dem Herzen sehen, zeigt uns neue Dimensionen. Es wird spürbar, was mit bloßen Sinnen nicht zu erkennen ist: Das Leben geht weiter, über den Tod hinaus. Ein Funken wird vom Sturm in die Herzen der Menschen getragen. Das Feuer in den Herzen lässt die Menschen leuchten, macht sie froh. Sie teilen das Wissen, die Kraft, die Liebe, die Freude. Sie teilen mit, sagen weiter. Gottes Geist bringt Bewegung und BeGEISTerung: wie damals in Jerusalem!

Pfingsten: Neue Zeit
Zeit des Geistes – der Verkündigung
Zeit des Vertrauens – des Wahrnehmens mit dem Herzen
Geburt der Kirche!

Pfingsten ist das Geburtstagsfest der Kirche. Dieses Fest mit Kindern vorzubereiten und zu feiern – dazu möchte dieses Buch Anregungen geben.

Am Anfang war der Geist Gottes

In jeder Blume, in jedem kleinsten Teil der Schöpfung eröffnet sich uns täglich die wunderbare, geheimnisvolle Botschaft: Alles, was ist, hat einen Samen. Der Samen ist der Plan, die Grundidee, aus welcher Schöpfung entsteht. Die Lebenskraft und alle Wesensmerkmale sind in ihm gespeichert. Sichtbar für unsere Augen sind diese Anlagen nicht.

Durch das Öffnen, das Aufspringen der Samenhülle, den Ur-Sprung wächst eine Pflanze. Die unsichtbare Lebenskraft nimmt ein äußeres Erscheinungsbild an – »erscheint«! Wesensmerkmale, z.B. Farbe, Form und Größe zeigen sich, die Grundidee wird sichtbar. Ein Sprung von der unsichtbaren in die sichtbare Welt ist vollzogen. Die Öffnung lässt Veränderung und Wachstum zu. Das Zusammenspiel von Samen und den vier Elementen Feuer, Erde, Wasser und Luft lässt Wachstum entstehen. Die Samenanlage ist die Ahnung, der Traum, das Urbild, der Geist von einem Leben. Der Samen (der Geist) ist die ruhende Idee und zugleich die schöpferische Kraft, die jeder Erscheinung zugrunde liegt. Er ist Anfang und Ende. Der Lebenskreis einer Pflanze beginnt und endet mit dem Samen. Die Frucht stirbt und gibt dabei den Samen frei.

Der Geist Gottes ist kein Macher, sondern ein Eröffner

Der Geist Gottes ist kein Macher! Er öffnet Wege, Möglichkeiten, gibt uns das notwendige Rüstzeug, die Kraft, den Mut, selbst »zu machen«. Er gibt uns keine vorgefertigten Lösungen für das Leben. Die Kraft Gottes öffnet uns, lässt uns wachsen. Sie gibt uns das Vertrauen, einen Weg zu gehen, lässt uns offen werden, Möglichkeiten zu entdecken. Menschen, die verschlossen sind, haben keinen Weitblick und damit keine Motivation, sich zu bewegen, auf ein Ziel hin einen Weg zu bewältigen. Wer bereit ist für die Kraft des Geistes, geht mit offenen Sinnen und offenem Herzen durch die Welt. Er empfängt eine Energie, die ihn ganz öffnet, hören lässt, sehen lässt, fühlen lässt, auf andere zugehen lässt. Diese Kraft bringt ihn und andere in BeWEGung – auf den Weg. Durch diese Kraft geschieht, was dem Verstand unerklärlich ist. Durch sie bewältigen wir Aufgaben und Prüfungen, für die unser Verstand nicht den Mut hätte. Diese Kraft lässt uns hinter die Dinge sehen. Sie schenkt Vertrauen in das Unerklärliche, Unsichtbare. Diese Kraft verändert! Wie können wir dieses Geschehen für Kinder nachvollziehbar machen? Auch wir sollen keine Macher sein, sondern Eröffner! Wir brauchen aus unseren Kindern keine fertigen Christen zu machen. Unsere Aufgabe liegt im Eröffnen der Fähigkeiten, Gottes Geist zu entdecken. Christliche Erziehung lebt in einer Polarität zwischen Gott und Mensch, Sichtbarem und Unsichtbarem, Wunder und Verstand, dem

Denn der Geist Gottes ist kein Macher in der Natur, sondern ein Eröffner und Sucher des Guten. (Jakob Böhme)

eröffnenden Geist und dem Sich-öffnen-Lassen. In diesem Sich-öffnen-Lassen liegt unsere erzieherische Aufgabe.

Die Öffnung für Gottes Geist lässt uns Menschen in der modernen, technisierten, »vernünftigen« Welt an die Grenzen unseres Verstandes stoßen. Unsere Vernunft stellt sich der Fähigkeit in den Weg, das Wunderbare, Unsichtbare, Unerklärliche wahrzunehmen. Sie fordert sichtbare Beweise, logische Erklärungen, Wissenschaftlichkeit. Sie kann Angst und Zweifel auslösen. (Es geht hier nicht gegen die Vernunft, sondern darum, ihre Grenzen zu erkennen!)

Gottes Geist in sich wirken lassen, das heißt: vertrauensvolles Hingeben in die unsichtbare Welt. Es ist eine Kraft, die uns stets begleitet und doch ständig neu entdeckt werden will.

Es ist wunderbar und unerklärlich!

Das Unerklärliche erfahren

Kinder können noch staunen, finden Kleinigkeiten interessant. Sie untersuchen Regenwürmer, entdecken Steine am Weg, bleiben stehen und verweilen. Sie können die kleinen alltäglichen Wunder noch als wunderbar erfassen. In ihnen liegt noch das ursprüngliche Wissen, dass diese so genannten kleinen Wunder etwas Großes sind.

Kinder denken und handeln in der Bildsprache. Licht ist nicht nur Licht. Sie erleben Licht als etwas Schönes, Helles, Wärmendes. Für sie ist Licht nicht nur etwas, das sie benutzen. Urbilder sind in ihrer Seele noch gegenwärtig. Für Kinder ist die ganze Natur beseelt. Sie sprechen mit Tieren, träumen mit Schmetterlingen und Wolken. Kinder sind dem »Dahinter« noch sehr nahe. Sie bewegen sich in der magischen, unsichtbaren Welt genauso wie in der realen.

Das angeborene Wesen des Kindes ist die Öffnung zu Gott. Es ist wichtig, diese Öffnung, diese meditative Fähigkeit zu erhalten und zu fördern.

Wahrnehmen mit allen Sinnen

Das Buch möchte allen, die in der Kinder- und Jugendarbeit tätig sind oder mit Kindern in der Familie leben,

Annäherungen an das Pfingstgeschehen eröffnen. Es geht dabei um mehr als das Vermitteln von Bibeltexten. Es geht um Wahrnehmen mit allen Sinnen, mit Herz und Verstand, Ausdruck mit all unseren Fähigkeiten, Erfahren und Erleben, inneres Sammeln, meditatives Tun, darum, sich auf den Weg zur eigenen Mitte zu machen: All dies sind Voraussetzungen, um mit Gott in Berührung zu kommen.

Das ist eine Zielsetzung, die den ganzen Menschen fordert. Unsere eigene Glaubenshaltung ist für Kinder spürbar. Unsere Ausstrahlung erzählt mit. Das bedeutet: Auch wir befinden uns in einem ständigen Prozess. Können wir uns noch wundern? Können wir vertrauen?

So fern und doch so nah

der Geist Gottes –
so fern und doch so nah

in mir und im Universum

ich kann ihn nicht sehen, doch er ist da

er ist uralt und wird ständig neu entdeckt

seit vielen tausend Jahren wird von ihm erzählt –
reichen meine Worte aus?

manchmal ist er zum Greifen nah –
halten kann ich ihn nicht

oft ist er dort – wo ich ihn nicht vermute

er ist das Licht der Welt – doch manchmal bin ich blind.

Zum Aufbau dieses Buches

Biblische Geschichten, kindgerecht nacherzählt, bilden den Anfang (Kapitel I). Sie zeigen uns alltägliche Erfahrungen von Menschen miteinander und von Menschen mit Gott – Erfahrungen, die noch heute gültig sind. Auch Passion, Ostern, Himmelfahrt und Pfingsten beinhalten Grunderfahrungen und Gefühle, die Kinder kennen: Liebe, Leid, Trauer, Tod, Angst, Verzweiflung, Freude, Mut, Hoffnung. Es liegt nahe, mit Erfahrungen unseres

Alltags zu beginnen, wenn wir Kindern das Pfingstgeschehen nachvollziehbar machen wollen.

Das heißt: Die Kinder sollen sich eigener Erfahrungen und Gefühle bewusst werden können. Sie lernen, darüber zu sprechen, sie lernen mit Gefühlen und Bedürfnissen anderer umzugehen. Sie werden feststellen, dass es den Menschen damals nicht anders erging als uns heute.

Religiöse Früherziehung bezieht sich also nicht nur auf das Kennenlernen von Bibeltexten. Sie besteht aus Möglichkeiten der Selbsterfahrung, aus Märchen, Erzählungen, Gedichten, Musik, Liedern, Tanz, Bildern, Brauchtum und vielem mehr. Ausführlich beschäftigt sich dieses Buch daher mit konkreten Gestaltungsvorschlägen und Erfahrungshilfen zu den biblischen Erzählungen:

Stille-, Wahrnehmungs- und Bewegungsübungen unterstützen die Wahrnehmungs- und Ausdrucksfähigkeit der Kinder (Kapitel II).

Die Arbeit mit den Symbolen »Herz«, »Wind/Sturm« und »Sonne/Feuer« bietet vielfältige Ansatzpunkte zur Erarbeitung und abwechslungsreichen Gestaltung des Pfingstthemas (Kapitel III).

Das jahrhundertealte Pfingstbrauchtum wieder aufleben zu lassen, wird nicht nur Kindern Spaß machen. Anregungen hierzu finden sich in Kapitel IV.

Lieder, die die Themen der vorangegangenen Kapitel aufgreifen, bilden den Abschluss (Kapitel V).

I. Biblische Erzählungen von Ostern bis Pfingsten

Ostersonntag – Auferstehung – das Unerklärliche ist geschehen. Mehrmals erscheint Jesus seinen Jüngerinnen und Jüngern. Nach Himmelfahrt ist er durch den Geist gegenwärtig, und an Pfingsten wird seinen Freunden diese Kraft spürbar und bewusst. Es ist sinnvoll, Kinder durch verschiedene biblische Geschichten zum Pfingstgeschehen hinzuführen.

1. Ostern

Das leere Grab (Joh 20,11–18)

Maria aus Magdala war eine Freundin Jesu. Nun, nach seinem Tod, ist sie sehr traurig. Drei Tage ist es her, dass Jesus gekreuzigt wurde. Bei Sonnenaufgang geht sie zu seinem Grab. Doch sie erschrickt: Das Grab ist leer! Was ist geschehen? Maria beginnt zu weinen.

Da sieht sie, dass es im Grab ganz hell ist. Zwei Engel sind darin. Sie fragen: »Warum weinst du?«

Plötzlich sieht Maria einen Mann. ›Der Gärtner‹, denkt sie. Vielleicht weiß er, wo Jesus ist! »Hast du ihn weggebracht?«, fragt sie ihn.

Der Mann sagt zu ihr: »Maria!« Sie fühlt eine warme Stimme; voller Freude erkennt sie Jesus. »Rabbuni«, spricht sie, das bedeutet: Meister.

»Geh und sage den anderen, dass ich lebe!«, trägt Jesus ihr auf.

Da eilt Maria freudig davon, um allen die frohe Nachricht zu bringen. Sie kommt in BeWEGung. Sie hat Jesus gesehen. Sie hat ihn gehört. Jetzt sieht sie ihn nicht mehr, hört ihn nicht mehr, kann ihn nicht anfassen. Aber sie spürt ihn für immer in ihrem Herzen. Er ist gestorben – aber er lebt. Er ist da – aber auf ganz andere Weise als früher. Auch Maria hat sich verändert. Aus ihrer Trauer ist Freude geworden.

Gestaltungsvorschlag: Die Erzählungen können gemalt und als Bilderreihe aufgehängt oder zu einem Bilderbuch zusammengestellt werden.

15

Anmerkungen
zur Erzählung

Weder der weggerollte Stein noch das leere Grab wecken Hoffnung. Kein Gedanke an Auferstehung; Maria hält Jesus zunächst für den Gärtner. Die Erscheinung der Engel bewirkt bei ihr eher Schrecken als Hoffnung.

Erst die Art und Weise, wie Jesus den Namen »Maria« spricht, lässt sie erkennen. Sie nimmt nicht nur ihren Namen wahr, sondern hört das Dahinter: Sie hört mit dem Herzen. Durch diese Art des Hörens tritt die Wende ein.

Aus Unglaube wird Glaube – Osterglaube.

Aus Trauer wird Freude.

Aus Hoffnungslosigkeit wird Hoffnung.

Aus Schweigen wird Weitersagen – die Botschaft.

Der Gang nach Emmaus (Lk 24,13–35)

Zwei Freunde Jesu wandern von Jerusalem nach Emmaus. Sie sind sehr traurig, lassen Kopf und Schultern hängen. Als ihnen unterwegs ein Fremder begegnet, erzählen sie ihm, dass ihr Freund Jesus gekreuzigt wurde.

Der Fremde will sie trösten, ihnen erklären, warum das geschehen ist. Aber sie sind zu traurig, um richtig hinzu-hören. Doch sie mögen den Fremden. Irgendwie tut es gut, dass er mit ihnen den Weg geht.

Der Fremde ist Jesus, doch sie erkennen ihn nicht.

Als sie in ihrem Dorf angekommen sind, laden sie ihn ein. Er geht mit ins Haus. Alle sind hungrig und durstig. Beim Essen nimmt Jesus das Brot, betet und teilt es. Da, plötz-lich, erkennen sie ihn: Es ist Jesus! Er teilt das Brot mit uns!

Und im selben Augenblick ist sein Platz leer.

Sie haben ihn gesehen. Sie haben ihn gehört. Sie haben mit ihm geteilt. Nun sehen sie ihn nicht mehr, hören ihn nicht mehr. Aber er teilt noch mit ihnen seine Liebe! Das spüren sie – in ihrem Herzen.

Er ist da, er ist in ihren Herzen. Er ist da – aber auf andere Weise als früher.

Sie verändern sich durch die Liebe in ihren Herzen.

Aus Trauer wird Freude. Sie kommen in BeWEGung, gehen ganz schnell zurück nach Jerusalem: Alle sollen es

erfahren! Ihre Köpfe und Schultern hängen nicht mehr, sie machen weite Schritte und öffnen ihre Arme.

Anmerkungen zur Erzählung

Zwei Jünger sind unterwegs. Ihr Weg ist dunkel und hoffnungslos.

Jesus ist tot! Alles vorbei!

Tod – Trauer – Stille.

Hoffnungslos – mutlos – starr.

Die Jünger sind voller Trauer. Ihr Herz ist verschlossen und unfähig, wahrzunehmen. Kein Gedanke an Auferstehung. Auch wir selbst kennen Zweifel und Hoffnungslosigkeit.

Trotz der Erklärung des Fremden, warum Jesus sterben musste, erfolgt keine Sinneswandlung. Zweifel, Angst und Trauer sind wichtige Prozesse, können jedoch andererseits den Weg zum Glauben versperren. Die beiden Jünger lassen zunächst keine Öffnung zu.

Erst an der Art und Weise, wie Jesus das Mahl nimmt und teilt, erkennen sie ihn. Sie nehmen nicht nur mit ihren Augen wahr, dass der vermeintlich Fremde isst, sondern gewahren das Dahinter: die Gemeinsamkeit des Mahls, die Liebe des Teilens.

Wir können eine Mahlzeit nur als Nahrungsaufnahme gestalten oder als ein gemeinsames Mahl.

Jesus wird Gast bei den beiden.

Aus dem Gast wird der Gastgeber.

Er nimmt das Brot – betet – bricht und teilt es.

Er nimmt den Wein – betet – und teilt.

Jesus trifft die beiden mitten ins Herz. Sie erkennen und lassen eine Öffnung zu. Dies hat eine Wandlung zur Folge:

Aus Trauer wird Freude.

Aus Hoffnungslosigkeit wird Hoffnung.

Aus Starre wird freudige Bewegung.

Sie eilen nach Jerusalem.

Wer die Botschaft im Glauben angenommen hat, der wird zum Boten.

Jesus erscheint den Jüngern (Joh 20,19–23)

Am Abend des dritten Tages nach Jesu Tod sind viele Freunde Jesu in Jerusalem. Sie treffen sich in einem Haus. Alle Türen und Fenster sind verschlossen. Sie haben Angst. Jesus ist tot. Ist nun alles vorbei? Vielleicht will man auch sie gefangen nehmen?

Plötzlich ist Jesus in ihrer Mitte. Er sagt: »Friede sei mit euch!«

Die Jünger erschrecken. Wie ist das möglich? Sie zweifeln. Da sagt Jesus: »Ich bin es wirklich. Schaut und fasst mich an!« Er zeigt ihnen seine Wunden. Dann haucht er die Jünger an und sagt: »Empfangt den Heiligen Geist!«

Danach ist er plötzlich nicht mehr zu sehen. Aber sie haben ihn gesehen. Sie haben ihn gehört. Sie haben ihn berührt. Nun sehen sie ihn nicht mehr mit ihren Augen, hören ihn nicht mehr mit ihren Ohren, können ihn mit ihren Händen nicht mehr berühren.

Ist Jesus fort? Nein, denn sie spüren etwas in ihrem Herzen. Sie spüren seine Liebe. Sie wissen, er wird immer bei ihnen sein – auf ganz andere, neue Weise.

Anmerkungen zur Erzählung

Etwas sehr Menschliches wird uns über Menschen, die Jesus nahe standen, berichtet: Sie erleben Angst und Zweifel, Gefühle, die wir alle kennen und haben dürfen! Biblische Erzählungen zwischen Ostern und Pfingsten zeigen uns, dass diese Gefühle zu uns gehören. Sie berichten, wie wir durch völlig neue, manchmal unerklärliche Erfahrungen Angst und Zweifel besiegen können. Sie machen Mut.

Jesus haucht die Jünger an. Gott schenkt Adam durch seinen Hauch das Leben (Gen 2,7). Jesus spricht: »Empfangt den Heiligen Geist!« Er gibt seine göttliche Kraft zu erkennen, die Grundlage unseres Lebens ist ebenso wie unser Atem.

2. Himmelfahrt

Ich bin bei euch alle Tage
(Mt 28,16–20; Lk 24,46–53)

Auf einem Berg in Galiläa erscheint Jesus den Jüngerinnen und Jüngern zum letzten Mal. Er sagt zu ihnen: »Ich habe alle Kraft und Liebe im Himmel und auf der Erde. Darum geht hin zu allen Völkern und macht alle Menschen zu meinen Jüngern. Gott gibt euch die Kraft dazu. Tauft sie im Namen des Vaters, des Sohnes und des Heiligen Geistes.« Und er sagt: »Ich bin bei euch alle Tage bis ans Ende der Welt.«

Danach haben die Jüngerinnen und Jünger Jesus mit ihren Augen nicht mehr gesehen, mit ihren Ohren nicht mehr gehört, mit ihren Händen nicht mehr berührt. Aber sie haben ihn gespürt in ihrem Herzen. Sie haben gespürt: Er ist immer bei uns – ganz neu, auf ganz andere Weise.

Sie haben es gefühlt: »Ich bin bei euch alle Tage bis ans Ende der Welt.« Das alles geschah 40 Tage nach Ostern. Wir nennen diesen Tag »Christi Himmelfahrt«.

Damals, vor vielen hundert Jahren, haben Menschen den auferstandenen Jesus gesehen. Erkannt haben ihn nur die, die auch mit ihrem Herzen gesehen, mit ihrem Herzen gehört und mit ihrem Herzen gefühlt haben.

Aber er hat ihnen auch einen Auftrag gegeben: »Erzählt allen Menschen von mir und macht sie zu meinen Jüngern. Gott wird euch die Kraft dazu geben.« Ob sie wirklich den Mut dazu haben werden, jetzt, wo Jesus nicht mehr wie früher bei ihnen ist?

Anmerkungen zur Erzählung

Nach Himmelfahrt ist einerseits die Gewissheit: Jesus ist bei uns auf neue Weise. Andererseits taucht unter seinen Jüngerinnen und Jüngern die Frage auf, ob sie seinen Missionsauftrag erfüllen können.

Aber die Jüngerinnen und Jünger werden nicht allein gelassen. Jesus verspricht Kraft aus der Höhe: Hinweis auf Pfingsten, eine neue Zukunft.

22

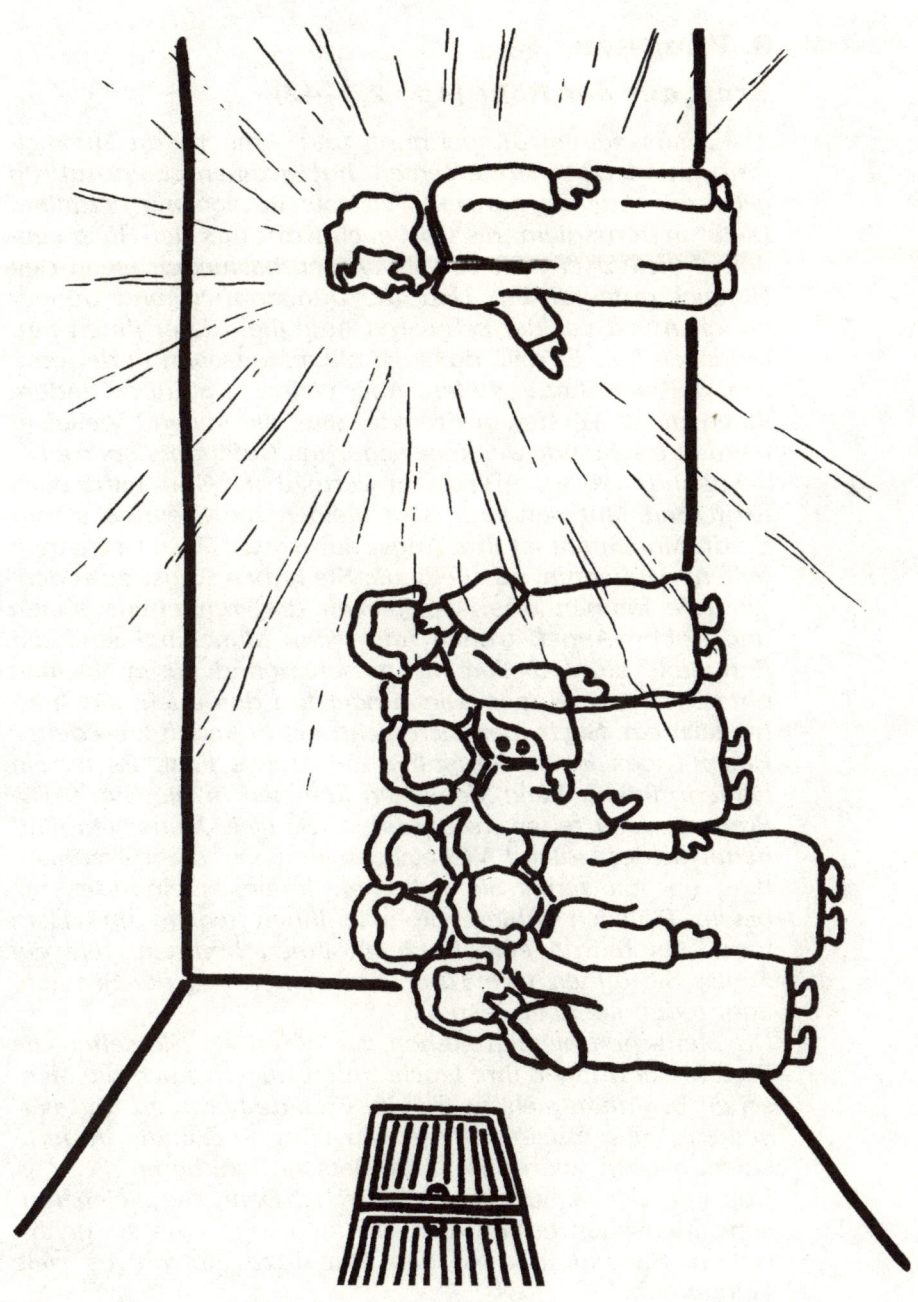

3. Pfingsten

Kraft aus der Höhe (Apg 2,1–42)

Als Jesus seinen Jüngerinnen und Jüngern an Himmelfahrt zum letzten Mal erschien, hat er ihnen einen Auftrag gegeben: »Auf der ganzen Welt sollt ihr von mir erzählen. Bleibt in Jerusalem, bis Gott euch Kraft aus der Höhe sendet.« Nun hat er sich von ihnen verabschiedet, ist in den Himmel aufgefahren. Und die Jüngerinnen und Jünger haben Angst vor der schweren Aufgabe, die er ihnen hinterlassen hat. Er will, dass sie allen Menschen in der ganzen Welt von ihm erzählen. Aber vielleicht glauben andere ihnen nicht! Verstehen Fremde, was sie sagen? Vielleicht werden die Feinde Jesu sie sogar ins Gefängnis sperren.

Jesus hat gesagt: »Bleibt in Jerusalem. Gott wird euch Kraft und Mut senden.« Also bleiben die Freunde in der Stadt. Manchmal ist ihre Angst ganz groß. Wird Gott ihnen helfen? Manchmal zweifeln sie. Sie haben Angst zu reden. Wir alle kennen das: Wir wollen anderen etwas sagen und haben Angst, trauen uns nicht. Manchmal sind wir dann wie starr, wollen nichts sehen und hören, bleiben am liebsten zu Hause. Die Jünger tun das auch; sie sperren sich ein. Sie trauen sich nicht, mit Fremden zu reden.

Eines Tages ist in Jerusalem ein großes Fest. Es ist ein Erntedankfest. Viele Menschen kommen in die Stadt. Die Freunde Jesu reden miteinander: »So viele Menschen sind heute in Jerusalem! Vielleicht sollten wir allen erzählen, was wir wissen?« Sie sprechen lange miteinander, sie beten. Plötzlich fühlen sie, wie ihnen warm ums Herz wird. Als würde eine Kerze in ihnen brennen, wie ein Feuer. Sie öffnen ihre Türen und gehen auf die Straßen. Laut reden sie über Jesus.

Die Menschen bleiben stehen, sie hören zu. Sie sehen die Freude der Jünger, ihre leuchtenden Augen. Auch die Menschen beginnen sich zu freuen. Fremde hören zu und verstehen. Viele tausend Menschen wurden damals in Jerusalem getauft, waren froh, die Botschaft zu hören.

Das war der Geburtstag der Kirche! Denn die vielen tausend Menschen haben auch weitergesagt, was sie gehört hatten. Sie hatten auch den Mut dazu, obwohl es viele Feinde gab.

Sie wussten: Jesus wird immer bei uns sein. Immer mehr Menschen sind auf andere zugegangen und haben es weitergesagt. Und so ist das auch noch heute. Auch wir können weitersagen: »Jesus hat uns lieb. Seine Kraft und Liebe sind immer bei uns – auf ganz besondere, wunderbare, unerklärliche Weise.«

Man erzählt, Gottes Kraft hätte man damals gesehen; sie sah aus wie viele Flammen. Vielleicht so wie ganz viele Kerzenflammen. Man sagt, Gottes Kraft hätte man damals gespürt wie einen Atem, einen Wind. Wir alle wissen, wie schön Kerzenlicht ist, wie Feuer uns wärmt. Die Sonne ist wie ein Feuer. Ohne sie könnten wir nicht leben. Wir wissen, wie stark Wind sein kann. Er bringt alles in Bewegung. Wind ist bewegte Luft. Ohne Luft können wir nicht leben.

Gott, du bist wie Feuer und Sturm. Ohne dich könnten wir nicht sein.

Anmerkungen zur Erzählung

Pfingsten. Es geschieht etwas, das die Jüngerinnen und Jünger selbst nicht erklären können. Sie haben plötzlich Mut, allen Menschen, allen Völkern die Botschaft zu verkünden. Selbst Fremde verstehen sie. Ganz Jerusalem ist in Bewegung. Alle sind beGEISTert, sind Feuer und Flamme. Mit Pfingsten beginnt eine neue Zeit, die Zeit des Geistes, der Verkündigung.

Pfingsten war im Judentum und anderen Religionen ein Erntedankfest (Getreideernte). Symbolisch gesehen, ist es das auch geblieben. Ein Samen wird vom Sturm in die Herzen der Menschen getragen, öffnet sich und bringt Früchte. Eine Pflanze wächst. Etwas verändert sich, kommt in Bewegung. Menschen öffnen sich, kommen in Bewegung, verändern sich: gehen aufeinander zu, treffen einander, berühren einander, teilen mit.

Samen, die sich geöffnet haben, tragen Früchte.

Alles, was ist, hat einen Samen.

Gestaltungsvorschlag

Schau dir den Samen an!
Erkennst du das Geheimnis?
Er öffnet sich, wächst und blüht.
Seine Kraft liegt unsichtbar in ihm,
verborgen – geborgen!

Male die Zeichnung aus der Mitte her bunt aus!

II. Stille-, Wahrnehmungs- und Bewegungsübungen

Stille-, Wahrnehmungs- und Bewegungsübungen helfen zur bewussteren Wahrnehmung der Schöpfung: des eigenen Körpers, der Welt um uns herum, der Mitgeschöpfe. Sie geben auch der Freude über das vielfältige Leben Ausdruck, das Gott uns geschenkt hat. Freude ist wie eine Kerze, die in unserem Herzen brennt. Freude ist wie die Kraft des Windes, die uns aufeinander zutreibt. Freude bringt uns in Bewegung; wir öffnen uns, wir gehen neue Wege, haben eine neue Perspektive.

1. Schöpfung

Die eigene Mitte finden

Das Malen von *Mandalas* ermöglicht uns Erfahrungen mit dem göttlichen Prinzip über den gestaltenden, kreativen Bereich. C.G. Jung hat festgestellt, dass die Beschäftigung mit dem Kreis eine Zentrierung der eigenen Mitte bewirkt. Ordnende und heilende Kräfte entstehen. Jung spricht diesen Kreisbildern eine religiöse Dimension zu (siehe auch: C.G. Jung, Die Archetypen und das Kollektive Unbewusste, Walter Verlag, Zürich/Düsseldorf). In allen alten Kulturen, auch in unserem Lebensraum, waren Kreismandalas von großer Bedeutung. Wir finden sie z.B. als Fenster in christlichen Kirchen wieder.
Bei der Beschäftigung mit dem Mandala geht es darum, die eigene Mitte zu finden, sich als Ganzheit zu erfahren. Es geht um die Harmonie zwischen Mensch und Schöpfung. Im Mandala finden sich Makrokosmos und Mikrokosmos wieder: Was im Kleinen gilt, gilt auch im Großen.
Für Indianer hat die Gestaltung eines Mandalas heilende Wirkung. Besonders das Malen von Sandmandalas ist eine alte Zeremonie. Nach zwölf Stunden verwischen die Indianer ihre Sandmandalas wieder. Sie sagen damit: Alles im Universum kommt und geht.

28

(1) Mandala: Es vertraut dem großen Kreis

Die Geschichte »Es vertraut dem großen Kreis« zeigt, dass in allen Kulturen die Menschen das göttliche Prinzip der Schöpfung zu verstehen suchen. Das Symbol »Kreis« steht in unserer Religion für Gott.
Die Geschichte kann in gemütlicher Atmosphäre erzählt und evtl. dazu gemalt werden. Alle sitzen im Kreis, die Mitte ist mit einer Kerze, Blumen und Tüchern geschmückt. Bei schönem Wetter können die Kinder im Sandkasten ihr eigenes Mandala malen.
Wer ein Sandmandala auf Dauer haben möchte, kann Papier nach dem Muster mit Kleister bestreichen und Sand darauf streuen.

Indianer malen gerne wunderschöne Kreise in den Sand, die Geschichten erzählen. Die Menschen werden dabei still und verstehen die Natur und sich selbst besser.
Die Bibel erzählt, dass auch Jesus vor einer wichtigen Entscheidung in den Sand zeichnet (Joh 8,6).
Mumu, das Indianerkind, spielt im Sand. Mit seinen Fingern malt es in den Sand.
Es malt ein Viereck – vielleicht ist das ein Tisch. Ein Erntedanktisch, der Erdentisch, den Gott für uns deckt. Das Kind zählt noch einmal die Ecken seines Tisches und malt an jede Ecke eine Linie. Der Erdentisch hat vier Ecken: den Osten, den Süden, den Westen und den Norden. Es gibt auf der Erde auch vier Elemente: die Erde, das Feuer, das Wasser und die Luft. Indianerkinder wissen das alles ganz genau, denn Indianer leben eng mit der Mutter Erde und der ganzen Natur verbunden.
Das Kind betrachtet sein Bild. Was könnte es noch malen? Es kennt viele Menschen: Solche, die erst vor kurzer Zeit geboren wurden, seinen Bruder, der schon fast erwachsen ist, seine Eltern, und sehr alte Menschen, die bald sterben.
Das Indianerkind malt diese Menschen, wie sie an dem Erdentisch sitzen.
Dann beginnt es einen Kreis um den Erdentisch zu ziehen. Die Sonne beginnt morgens im Osten ihren Weg, steht am Mittag im Süden und geht abends im Westen unter. Es

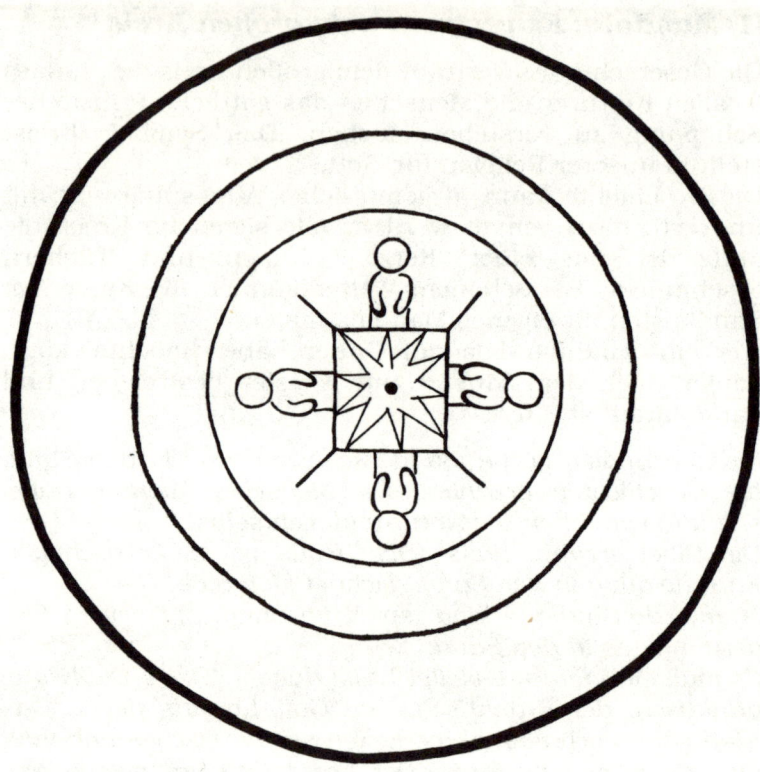

schließt den Kreis im Norden: Dort wohnen die Nacht und der Winter. Der Norden schenkt den Menschen Ruhe.

Das Kind zeichnet nun noch einen kleineren Kreis, das ist die Mutter Erde.

In die Mitte seines Sandbildes malt es einen Punkt. Das bin ich, denkt das Indianerkind. Um diesen Punkt malt es einen Stern. Der Stern verbindet es mit allem, was es kennt: mit seinem Dorf, Menschen, Tieren, Pflanzen, Steinen, Wegen, Bergen, Tälern, Sonne und Mond. Schön ist mein Bild!, denkt es.

Zum Schluss malt es einen ganz großen Kreis um sein Bild. Es sagt: »Und das ist der große Geist, der alles umgibt.«

Von seinen Eltern weiß es: Der große Geist umgibt alles und beschützt uns, wie eine Hülle den Samen.

30

Das Kind geht nach Hause in sein Zelt. Die Nacht kommt und der Mond scheint auf das Kreisbild. Am Morgen geht die Sonne auf. Das Kind kommt zu seinem Bild und freut sich. Dann verwischt es das Sandbild. Indianerkinder wissen: Alle Menschen tragen dieses Bild in sich. Das bedeutet: Im kleinen Punkt in der Mitte ist auch der große Kreis. Vielleicht malt das Indianerkind Mumu morgen wieder einen großen Kreis.
Magst auch du malen?

(2) Der Weg des Atems

Atmung und Puls sind ein relatives Zeiterlebnis und von verschiedenen Faktoren abhängig (z.B. Angst, körperliche Anstrengung). Puls- und Atemübungen sind konzentrationsfördernd und helfen zu einer aufmerksameren Hinwendung zu sich selbst.
Nach Bewegung (Spiel, Tanz) legen sich die Kinder auf den Boden.

L (Leiter/in) spricht:
Wir fühlen unseren Atem.
Wir legen die Hände vor das Gesicht und fühlen die Wärme des Atems.
Die Nase ist der Eingang des Atems. Er fließt durch den Rachen, die Luftröhre, dann verteilt er sich und fließt wie ein starker Strom, ein Lebensstrom durch unseren Körper.
Wir spüren, wie unser Brustkorb sich durch den Atem hebt und senkt.
Wir lassen den Atem durch den ganzen Körper fließen.
Wir erfahren, wie der Atem nach Bewegung schnell ist und dann langsamer wird.

(3) Mein Herz klopft

Puls erfolgt als Reaktion auf die Herztätigkeit. Ähnlich wie bei der vorherigen Atemübung beobachten wir nun das Tempo unseres Pulsschlags nach Bewegung und in Ruhe.
Die Halsschlagader ist gut spürbar. Wir klopfen mit der Hand den Rhythmus der Halsschlagader.

(4) Ich bin ganz Ohr

Material:
Kassetten-
recorder,
meditative
Musik

Die Kinder liegen auf dem Boden. Leise Musik erklingt.

L spricht:
Wer möchte, schließt die Augen und hört zu, was die Traummusik erzählt. Wir sind ganz Ohr, dann erfahren wir wunderschöne Träume durch die Musik.

Die Kinder bekommen Zeit, ihre Träume zu finden. Dann spricht L:

Sicherlich habt ihr alle einen Traum »gehört«. Dazu brauchen wir unsere Ohren.
Nehmt einmal eure Hände und fühlt die Ohren:
die Ohrmuschel, die Schädelknochen hinter dem Ohr,
mit den Fingern vorsichtig in die Ohren.
Was geschieht, wenn ihr die Finger in die Ohren steckt?
Man hört ein Rauschen, wie Wind und Meer.
Was geschieht, wenn wir mit den Fingern die Ohren ganz schnell öffnen und schließen?
Unser Ohr kann Eingang für wunderschöne Phantasiereisen sein.

Wer genug probiert hat, darf sich Papier und Stifte nehmen und seine Ohren malen.

(5) Ich höre was, das du nicht siehst!

Material:
Gegenstände,
die Geräusche
erzeugen

Die Kinder sitzen im Stuhlkreis und schließen die Augen. Mit verschiedenen Gegenständen (Töpfe, Löffel, Glöckchen) werden Geräusche gemacht. Die Kinder erraten diese Gegenstände.
Wichtig: Bei allen Stilleübungen ist das Augenschließen freiwillig! Die Gegenstände können auch unter einem Tuch versteckt werden.

(6) Grashalme wachsen

Material:
Kassetten-
recorder,
meditative
Musik

Auf dem Boden liegen Decken oder Matten. Nach Bewegung (Spiel, Tanz) sucht sich jede/r einen Platz.
Wir fühlen unseren Atem und werden still. Die Hände liegen auf dem Bauch. Wer möchte, schließt die Augen. Leise Musik erklingt.

L spricht:
Stell dir vor, du bist ein Samen in der Mutter Erde.
Die Sonne wärmt dich, du fühlst die Wärme, Wärme durchdringt dich.
Du beginnst zu wachsen.
Stell dir vor, deine Hände sind kleine grüne Keime, die langsam zu Halmen wachsen.
Lass deine Hände vom Bauch nach oben gehen.
Sind die Halme gewachsen, können sie sich im Wind wiegen.

Musik etwas lauter stellen. Nach einer Weile spricht L:

Langsam kommen die Hände zum Bauch zurück.
Du fühlst deinen Atem, fühlst, wie dein Bauch sich hebt und senkt.
Nun kannst du dich langsam aufsetzen.

(7) Gras, wachse!

Dieses alte Spiel macht kleinen und großen Kindern auch heute noch Spaß.
Zwei Spieler/innen halten eine Schnur dicht am Boden. Bei dem Befehl: »Gras, wachse!« wird sie jedes Mal ein Stück höher gehalten. Die anderen Kinder hüpfen über die Schnur.

Material: eine lange Schnur

(8) Traumgarten

Nach Bewegung (Austoben) sucht sich jedes Kind einen Platz, legt sich auf eine Decke. Wir spüren unseren Atem; wer mag, schließt die Augen. Leise Musik erklingt.

Material: Meditative Musik, Decken, Blumentöpfe, Erde, Samen, Dekoration für die Töpfe

L spricht:
Stell dir vor, du bist ein Samen, der in der Mutter Erde schläft und träumt.
Du hast den wunderschönen. Traum vom Frühling, vom Leben.
Du träumst den wunderschönen Traum ...

Die Musik etwas lauter werden lassen und genug Zeit zum Träumen geben. Nach einiger Zeit die träumenden Samen mit einem Glöckchen wecken.

Wenn alle Kinder so weit sind, setzen wir uns in einen Kreis. Ein Korb mit Blumentöpfen, Erde, Samen und Wasser wird gebracht, und jedes Kind darf sich einen kleinen Traumgarten anlegen.

Die Töpfe können bemalt und geschmückt werden. So ein Traumgarten im Kinderzimmer schenkt bestimmt schöne Träume oder verwandelt schlechte.

(9) Ich pflanze einen Wundersamen

Zum folgenden Text formen die Kinder mit den Händen eine Schale und stellen sich ihren Wundersamen vor.

Die Kinder bücken sich und legen ihn in die Erde. Mit beiden Armen und Händen ziehen sie einen großen Kreis (Sonne). Die Arme gehen von oben nach unten, dabei stellen die Finger den Regen dar.

Die gefalteten Hände zeigen den geschlossenen Samen. Die Hände öffnen sich wie ein Samen, der zu wachsen beginnt. Die Arme gehen weit auseinander und nach oben. Die Hände gehen über dem Kopf wieder zusammen und werden zum Bauch geführt. Dort zeigen sie wieder eine Schale.

Im Anschluss malt jedes Kind seine Wunderblume.

Ich pflanze einen Wundersamen.
Kann ich bestimmen, wann er sich öffnet?
Ich danke der Mutter Erde, dass sie ihn aufnimmt.
Ich danke dem Sonnenfeuer, dass es die Erde wärmt.
Ich danke dem Regen, der auf die Erde fällt.
Der Samen öffnet sich, und alle Kraft, die in ihm steckt, wird sichtbar.
Es wächst eine Wunderblume.
Und diese Wunderblume trägt wieder viele Samen.
In jedem von ihnen steckt eine weitere Wunderblume.
Ich staune über die unsichtbare Kraft im kleinen Samen.

(10) Sonnentanz

Material: Gelbe Stoffbänder, Reifen, meditative Musik

Die Bänder werden am Reifen befestigt, der die Sonne mit ihren Strahlen darstellt. Es sollte so viele Bänder wie Kinder geben.

Jedes Kind bekommt einen Sonnenstrahl in die Hand.

Die Kinder knien sich zusammengekauert dicht um den Reifen.

Langsam beginnen sie aufzustehen und gehen ein paar Schritte zurück, so weit die Bänder reichen.

Diese Bewegung stellt den Sonnenaufgang dar, die umgekehrte Bewegung zurück entspricht dem Sonnenuntergang. Natürlich kann sich der Sonnenkreis dazwischen noch durch den Raum bewegen, wie es die Sonne am Himmel auch tut.

(11) Gebet mit Bewegungen

Eine für Kinder verkürzte Fassung eines bekannten altchristlichen Segensgebets aus dem 4. Jahrhundert (übersetzt von Anton Kner) eignet sich gut dafür, in Bewegungen umgesetzt zu werden:

Gebet	**Bewegung**
Der Herr sei vor dir, *um dir den Weg zu zeigen,*	Arme nach vorne bewegen, Handflächen zeigen nach oben.
der Herr sei neben dir, *um dich zu schützen,*	Hände gehen über Kreuz nach rechts und links, Beine ebenfalls kreuzen.
der Herr sei hinter dir, *um dir zu helfen,*	Beine und Arme öffnen sich wieder, Arme zeigen nach hinten.
der Herr sei unter dir, *um dich aufzufangen,* *wenn du fällst,*	Hände kommen vor und gehen auf den Boden.
der Herr sei in dir, *um dich zu trösten,* *wenn du traurig bist,*	Hände gehen langsam vom Boden zum Herz.
der Herr sei um dich herum, *um dich zu verteidigen,*	Mit den Händen auf dem Herz eine ganze Drehung machen.
der Herr sei über dir, *um dich zu segnen.*	Hände zeigen wie eine Blüte nach oben.

Die Navajoindianer drücken dies in einem ihrer Zeremonialgesänge so aus:

Schönheit sei vor mir.
Schönheit sei hinter mir.
Schönheit sei über mir.
Schönheit sei um mich.
In Schönheit ist es vollendet.

(12) Farbmeditation

Material:
Bunte Tücher
oder Papier-
streifen;
Stöcke mit
bunten Bändern

Wir alle sind in unserem Wesen ganz verschieden. Gerade das macht unser Leben bunt! Jede Farbe hat, wie wir, ihr eigenes Wesen, ihre Kraft. Farben sind wie Gefühle. Es gibt Farben der Hoffnung, der Freude, Trauer, Liebe, Treue ...
Pfingsten gibt uns Mut, diese Farben zu leben.
Aus bunten Tüchern oder Papierstreifen kann zu dem folgenden Text ein Regenbogen oder eine Blume gelegt werden. Wer das Thema für einen Gottesdienst verwenden will, kann die Kinder mit Stöcken einziehen lassen, die mit bunten Bändern geschmückt sind.

Das Sonnenfeuer schenkt uns viele Farben:

Rot   *ist die Liebe, die Wurzel unseres Lebens, unsere Kraft.*

Orange   *entsteht aus der Mischung von Gelb und Rot, Licht mit Liebe. Leben kommt in Fluss.*
Orange ist der Sonnenaufgang.

Gelb   *ist die lebenspendene Sonne, die Heiterkeit, die Freude. Gelb ist das reife Korn.*
Gelb ist der offene Geist.

Grün   *ist der Frühling, der Neubeginn, das Wachstum, die Hoffnung.*

Blau   *ist die Weite und Tiefe. Das Blau des unendlichen Himmels spiegelt sich in der Tiefe des Meeres.*

Indigo   *ist die dunkelste Farbe, die Farbe des Nachthimmels. Ruhe und Stille kehren ein.*

Violett   *ist das warme Rot der Abendsonne, das sich mit dem kühlen Blau des Meeres mischt – Frieden.*

2. Pfingsten

(1) Aufeinanderzudrehen

Das folgende Gedicht hat eine Dynamik, die an das Geschehen von Jerusalem erinnert. Die Bewegungen dazu sollten frei improvisiert werden.
Die Kinder stellen sich in drei bis vier Gruppen auf. Sie werden aufgefordert, zu dem Text Bewegungen zu finden. Der Text wird langsam vorgelesen, so dass genügend Zeit für das Finden der Bewegungen bleibt.

Einanderzudrehen und aufeinandereinstellen und aufeinandereinstellen ineinandergreifen ineinandergreifen und einandermitteilen und einandermitteilen miteinanderdrehen miteinanderdrehen und voneinanderlösen und voneinanderlösen auseinanderkreisen auseinanderkreisen und einanderzudrehen und einanderzudrehen ...

EUGEN GOMINGER

Aus: Madeleine Mahler, Tanz als Ausdruck und Erfahrung, Zytglogge-Verlag, Gümligen 1986.

(2) Blauland

»Blauland« heißt ein Bilderbuch von Tina Rau, das sich zur Gestaltung der Pfingstzeit sehr gut eignet.
In Blauland ist alles blau, auch die Bewohner, die Fizzli-Puzzli. Eines Tages wird ein Fizzli-Puzzli durch eine Zauberkugel rot. Er ist anders – wie die Christen vor 2000 Jahren. Wer spielt nun mit ihm? Ein anderer wird gelb – große Aufregung. Sind die gelben, roten oder blauen schöner?
Ein Fizzli-Puzzli kommt mit den Streitigkeiten nicht zurecht. Er ist traurig, denkt nach. Soll er mit den anderen reden? Was ist, wenn sie ihn auslachen oder wegen seiner Meinung nicht mehr mögen? Er hat Angst, etwas zu sagen. Wie damals die Jünger. Endlich nimmt er seinen ganzen Mut zusammen und spricht mit den anderen. Was nun geschieht, ist Pfingsten. Die Fizzli-Puzzli gehen aufeinander zu, reden miteinander, umarmen sich, und es entstehen neue Farben. Sie tanzen im Kreis, und man kann zusehen, wie die Farben von einem zum anderen

Tina Rau, Kennt Ihr Blauland?, Antex Verlag, Falkenhagen.

37

gehen und alle froh machen. Die Flammen greifen über wie damals die Flammen in Jerusalem.

Die Bilder eignen sich gut zur Betrachtung und für Gespräche, denn die Körpersprache ist deutlich dargestellt. Das Buch lässt sich auch mit Farbexperimenten erarbeiten.

(3) Lustiges Händeschütteln

Material: Papierkärtchen, Stift, akustisches Signal (z.B. Trommel)

Kärtchen mit Zahlen werden vorbereitet, zwei von jeder Zahl. Jeder zieht eine Karte und merkt sich seine Zahl. Auf ein Signal hin laufen alle durcheinander. Wenn das Signal aufhört, ruft der Spielleiter: »Händeschütteln!« Jedes Kind geht auf ein anderes zu, nennt seine Zahl, und beide schütteln sich die Hände. Wer auf ein Kind mit der gleichen Zahl trifft, ruft: »Guten Tag!« Die beiden bilden ein Paar. Das Spiel ist beendet, wenn jede/r eine/n Partner/in gefunden hat.

Statt Zahlen können auch Symbole gemalt werden.

Ziel des Spiels ist, das Aufeinanderzugehen zu üben.

(4) Schaufensterpuppen

Das folgende Gedicht kann gut nachgespielt werden: Die Kinder stehen steif, starr, stumm; verschiedene Positionen werden ausprobiert. Auf ein Signal hin verwandeln die Kinder sich und bewegen sich durch den Raum.

Gesprächsimpuls: Wie fühlen wir uns als Schaufensterpuppen? Welche Möglichkeiten haben wir, wenn wir steif und starr sind? Können wir Kontakt aufnehmen zu anderen? In welchen alltäglichen Situationen fühlen wir uns starr und stumm?

Aus: Madeleine Mahler, Kreativer Tanz, Zytglogge-Verlag, Gümligen, 6. Auflage 1989.

Sie stehen steif wie Gespenster,
so steif und starr und stumm,
im großen Kaufhausfenster
und anderswo herum.
Die Frauen heißen Else,
die Männer Kasimir,
sie haben lange Hälse
und können nichts dafür.

HERBERT ERDMANN

(5) Offene und geschlossene Haltung

Ein Kind beginnt mit einer offenen Haltung oder Gestik. Der/die Nächste macht daraus eine geschlossene. Daraus macht der/die Nächste dann wieder eine offene, usw. Beispiel: Der/die Erste beginnt mit einer offenen Hand, daraus macht der/die Zweite eine Faust. Der/die Nächste formt aus der Faust eine Schale. Ein weiteres Kind führt aus der Schale die Hände zum Gesicht und vergräbt den Kopf darin, usw.

Diese Übung erfordert Konzentration und das Eingehen auf andere.

Erfahrung: Eine offene Haltung ist entspannter als eine verschlossene.

(6) Spiegelspiel

Zwei Kinder sitzen sich gegenüber und machen jeweils denselben Gesichtsausdruck, die gleichen Bewegungen – als ob sie vor einem Spiegel ständen. (Dies kann zuerst mit einem Spiegel ausprobiert werden.)

Ziel: Wir lernen die Sprache unseres Körpers.

(7) Zuhören können

»Ich bin ganz Ohr« für einen Menschen, das bedeutet: Ich schenke ihm Zeit, Aufmerksamkeit.

Zuhören üben wir mit einem Redestab, beispielsweise bei Gesprächen im Stuhlkreis. Wer den Redestab hat, hat das Wort. Die anderen hören zu und schenken ihm/ihr Aufmerksamkeit.

III. Pfingstsymbole

Feuer und Sturm: die Urelemente des Pfingstgeschehens. Was sagen ihre Kräfte aus? Welche Wesensmerkmale kennzeichnen sie? Wie können diese erfahren werden?

Symbole können uns helfen, ein Geschehen nachzuvollziehen. Sie zeigen uns die zwei Seiten unseres Daseins: die sichtbare und die unsichtbare, die äußere und die innere. Sie haben Verweischarakter auf das, was hinter den Dingen steht.

Die Bedeutung von Symbolen kann mit allen Sinnen wahrgenommen werden. Erfahrung und Erleben stehen dabei im Mittelpunkt. Die Sprache der Symbole ist uns allen verständlich, angeboren.

1. Symbol »Herz«

Wir alle kennen das Herz als Symbol, niemand muss es erklären. »Man sieht nur mit dem Herzen gut«, sagt der Fuchs zum kleinen Prinzen. Früher betrachtete man das Herz als den Sitz der Seele. Dieses Bild können wir uns heute noch gut vorstellen.

Auch für die Pfingstzeit ist das Herz ein schönes Symbol; geht es doch darum, unsere Herzen zu öffnen, mit ihnen zu sehen. Wer für eine Sache »Feuer und Flamme« ist, hat sein Herz dafür geöffnet, nimmt mit dem Herzen wahr.

(1) Herz-Kerzen

Material: Kerzenreste, Docht, etwas Speiseöl, Ausstechformen (Herzen), Alufolie, alte Zeitungen, leere Konservendose, Kochtopf mit Wasser, Herd, Topflappen

Die Arbeitsfläche wird mit Zeitungen abgedeckt und eine Schicht Alufolie darüber gelegt. Das Wasser im Topf wird zum Kochen gebracht. Die Kerzenreste werden in die Konservendose gegeben und im Wasserbad geschmolzen.

Die Ausstechformen werden mit Öl bestrichen und auf die Alufolie gestellt. Vorsichtig gießt man das flüssige Wachs hinein und steckt in die Mitte den Docht. Die Herzen lässt man fest werden und löst sie dann behutsam aus den Formen.

Bei Kindern empfiehlt es sich, in kleineren Gruppen zu arbeiten.

40

Verwendungsmöglichkeiten für die Herz-Kerzen gibt es viele. Zum Beispiel kann man sie verschenken oder eine große Glasschale mit Wasser füllen und die brennenden Kerzen schwimmen lassen.

(2) Gebackene Herzen

Mehl, Zucker, Vanillezucker und Salz werden gemischt. In die Mitte wird eine Mulde gedrückt. Ei, Eigelb und Butterstückchen werden in die Mulde gegeben und das Ganze zu einem Teig verknetet, der ca. 20 Minuten ruhen muss. Danach kann der Teig auf der bemehlten Arbeitsfläche ausgerollt und die Herzen können ausgestochen werden.

Die Plätzchen werden auf ein mit Backpapier ausgelegtes Blech gegeben und bei 180 °C ca. 12 Minuten gebacken. Nach dem Abkühlen können sie mit Zuckerguss verziert oder beschriftet werden.

Auch hier gibt es verschiedene Verwendungsmöglichkeiten, zum Beispiel:

– Aus Zuckerguss werden Namen auf die Herzen geschrieben. Diese können bei einer Feier als Tischkärtchen dienen oder an einem Zweig hängen.
– Werden die Herzen für einen Pfingstbaum benutzt, schreibt man mit Zuckerguss liebe Wünsche darauf.

Material:
Backbrett oder -schüssel, Messer, Nudelholz, Ausstechformen (Herzen), Backpapier, Backzutaten (500 g Mehl, 200 g Zucker, 1 P. Vanillezucker, 1 Prise Salz, 1 Ei, 1 Eigelb, 250 g Margarine oder Butter)

41

(3) Grußkarte »Hab Sonne im Herzen«

Material:
Gelbes und rotes
Tonpapier, Stift,
Schere, Schablo-
nen, Klebstoff

Aus rotem Tonpapier werden mit Hilfe der Schablonen zwei Herzen angefertigt und so zusammengeklebt, dass oben eine Öffnung bleibt. Die Sonne wird auf gelbes Papier gemalt (Vorlage: siehe Seite 59), ausgeschnitten, beschriftet und in das Herz gesteckt.

(4) Das offene Herz

Vorbereitung: Die Herzen werden anhand der Schablone aufgezeichnet, ausgeschnitten und gefaltet.
In einem Gesprächskreis über das Thema »Offenes/verschlossenes Herz« bekommen die Kinder die Herzen, die sich öffnen und schließen lassen. Zur Musik wird gemalt – gegenständlich oder abstrakt: Ich öffne oder schließe mein Herz.

Material:
Schablone,
Schere, weißes
Zeichenpapier,
Wasserfarben,
Pinsel, meditative
Musik

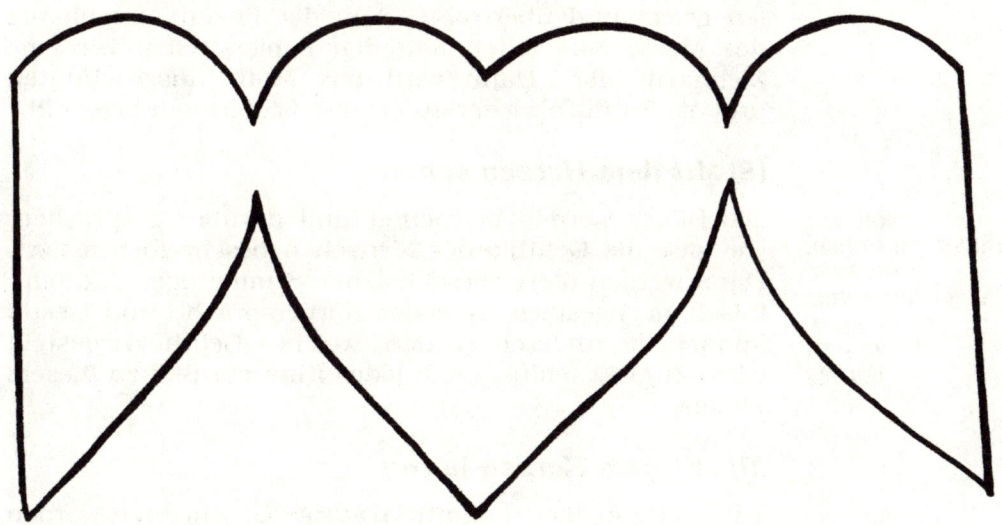

(5) Herzkarten

Herzkarten, in welche ein lieber Gruß oder »Frohe Pfingsten« geschrieben wird, können nach dem obigen Muster angefertigt werden. Geeignet ist auch die Vorlage auf Seite 58: Statt einer Sonne wird ein Herz ausgeschnitten und auf die Karte geklebt.

Material:
siehe oben
und Seite 58

(6) Schmuckherzen

Schmuckherzen können aus den verschiedensten Materialien hergestellt werden: Moosgummi, Fimo, Ton, Papier. Mit Baumwoll- oder Lederbändern entstehen Ketten; für Broschen werden die Herzen auf Anstecknadeln

43

geklebt. Falls sich in einer Gemeinde genügend Helfer befinden, können viele Schmuckkerzen gebastelt und bei einem Pfingstgottesdienst verteilt werden.

(7) Papiergirlanden

Material: Bastelkarton, Schablone, Ton- papier, Schere

Bandornamente eignen sich für viele Dekorationszwecke (Fenster, Möbel, Türen) und als Grußkarten.
Aus Karton wird eine Schablone des gewünschten Motivs (hier: Herzen) angefertigt, diese auf einen Tonpapierstrei- fen gelegt und übertragen. Von der linken Außenkante des Motivs aus faltet man den Papierstreifen wie eine Ziehharmonika. Dann wird das Motiv ausgeschnitten und die Bordüre wieder aufgefaltet (siehe auch Seite 62).

(8) Mit dem Herzen sehen

Material: Bilder mit frohen, traurigen, erschrockenen usw. Gesichtern, Malpapier, Farben

Die Bilder werden betrachtet und darüber gesprochen, wie sich die Gefühle der Menschen beschreiben lassen. Dann werden diese verschiedenen Stimmungen pantomi- misch nachgespielt. Aus der Körpersprache und Gestik können die anderen erraten, welches Gefühl dargestellt wird. Zum Abschluss malt jedes Kind ein Bild zu diesem Thema.

(9) Mit dem Herzen hören

Material: Pappkarten, Buntstifte

Sätze und kleine frohe und traurige Geschichten werden erfunden und nach Gefühlen einzuteilen versucht. Diese Szenen können als Memory dargestellt werden. Sie wer- den auf die Karten gemalt, und jeder Karte wird eine andere mit einem Lach- oder Weingesicht zugeordnet.
Man kann auch eine Alltagssituation erzählen und die Kinder entsprechende Gefühle zuordnen lassen.

(10) Sprichwortpantomime

Verschiedene Sprichwörter und Redewendungen eignen sich zur pantomimischen Darstellung, z.B.: Mein Herz springt vor Freude; mir ist ein Stein vom Herzen gefallen; mein Herz ist schwer; warmes/kaltes Herz; Herz aus Stein; verschlossenes/offenes Herz; ein großes Herz haben.

(11) Mein Herz klopft

Zum Thema Herz eignen sich auch Wahrnehmungs- und Bewegungsübungen (siehe Seite 31).

2. Gott ist im Wind: Symbol »Sturm«

Wind (hebr.: ruach) ist bewegte Luft. Wir atmen sie jede Sekunde ein oder aus. Hören wir auf zu atmen, ist unser irdisches Leben vorbei. Luft zählt zu den Urelementen. Gott haucht sie Adam ein; sie ist lebensnotwendig. Luft ist überall; sehen können wir sie nicht. Wir können aber sehen, was durch sie in Bewegung kommt. So ist es auch mit Gottes Geist. Wir sehen die Früchte von damals. Überall auf der Welt gibt es Christen.

Wind hat Kraft, bringt vieles in Bewegung. Wind kann aus einem kleinen Funken ein großes Feuer machen, wie damals in Jerusalem. Viele Pflanzen existieren durch den Wind. Der Wind trägt ihre Samen fort, bis die ganze Erde erblüht.

(1) Alle Dinge teilen denselben Atem

Als Gesprächseinstieg im Helferkreis eignet sich der folgende Text aus der Rede des Indianerhäuptlings Seattle an den Präsidenten der Vereinigten Staaten von Amerika (1855):

»Die Luft ist kostbar für den roten Mann – denn alle Dinge teilen denselben Atem – das Tier, der Baum, der Mensch. Sie alle teilen denselben Atem. Der weiße Mann scheint die Luft, die er atmet, gar nicht zu bemerken ... Der Indianer mag das sanfte Geräusch des Windes, der über eine Teichfläche streicht – den Geruch des Windes, gereinigt vom Mittagsregen oder schwer vom Duft der Kiefer.«

(2) Mandala: Pusteblume

Der folgende Text wird vorgelesen. Danach kann geträumt und anschließend das Pusteblumen-Mandala mit Buntstiften von der Mitte her ausgemalt werden.

Tief in der Mutter Erde erwacht ein kleiner zarter Samen von seinem Wintertraum. Die Sonne erwärmt die Erde, Regen tränkt sie. Der kleine Samen reckt und streckt sich. Die Samenhülle springt auf, und Wurzeln beginnen sich in der Erde festzuhalten. Stängel und Knospen drängen zur Sonne. Mit der Zeit wachsen Blätter und sonnengelbe Blüten.

Die schöne Blume ist glücklich. Sie wird getragen von der Mutter Erde, die Sonne strahlt ihr entgegen, Regen erfrischt ihre Blätter, sie wiegt sich im Wind und nachts schläft sie im Mondschein. Viele Bienen und Schmetterlinge kommen sie besuchen. Wenn sich ihre Gäste verabschieden, schaut sie ihnen manchmal nach und träumt den wunderbaren Traum vom Fliegen. Doch wie soll man ohne Flügel fliegen?

Das Frühjahr geht vorüber, der Sommer zieht ins Land. Der Löwenzahn bemerkt, wie sich seine Blüte verändert. Viele kleine weiße Schirmchen entstehen. Die Schirmchen schauen den Bienen, Schmetterlingen und Vögeln nach und träumen den wunderbaren Traum vom Fliegen. Doch wie soll man ohne Flügel fliegen?

Eines Tages geschieht es: »Kommt mit, fliegt mit mir!«, ruft der Wind.

»Das können wir nicht«, wollen die Schirmchen traurig antworten. Da pustet der Wind sie schon hoch in die Luft! Kräftig bläst er sie weg von ihrer Wiese. Sie fliegen über Dörfer, Wälder, Flüsse, Städte und Wiesen. Der Wind wirbelt sie immer wieder hoch. Die Schirmchen hüpfen und tanzen vor Vergnügen.

Am Abend sind sie müde. Sanft lässt der Wind sie auf einer Wiese nieder. Sie kuscheln sich in die Mutter Erde und schlafen ein. Der Herbst ist da. Bald beginnt die lange Traumzeit des Winters, die tote Zeit. Und danach kommt wieder ein Frühling und der wunderbare Traum vom Fliegen, vom Wind, der die Träume und die Sehnsüchte trägt, bis die ganze Erde erblüht.

Es gibt viele Pflanzen, deren Samen vom Wind an neue Orte getragen werden. So gesehen, ist der Wind eine Art Botschafter, denn in jedem Samen schlummert das Geheimnis des Lebens und der Liebe, der Schönheit in uns und um uns.

Wind ist bewegte Luft. Wir atmen sie ein und aus. Wenn du ganz ruhig liegst, vielleicht die Augen schließt, deinen Atem fühlst und in die Stille hörst, dann kannst du mit dem Wind auf die Traumreise gehen. Die Traumbilder kommen und gehen, wie dein Ein- und Ausatmen. Wenn du dich von deinem Atem tragen lässt, kannst du in die Traumzeit eintauchen.

(3) Spiel: Die Kraft unseres Atems

Material:
Strohhalme,
Tischtennisbälle;
Luftballons,
Seifenschaum

Zum Vertrautmachen mit dem Thema eignen sich Wahrnehmungs- und Bewegungsübungen (siehe Seite 31).
Die Kraft unseres Atems erfahren wir auch im Spiel mit Luftballons und Seifenblasen oder bei einem Wettspiel mit Strohhalmen und Tischtennisbällen. Die Kinder versuchen die Bälle durch das Blasen in den Strohhalm fortzubewegen. Welcher Ball ist zuerst am Ziel?

(4) Blubberkonzert

Material:
Strohhalme, Glas
mit Wasser

Die Kinder blasen mit Strohhalmen in ein gefülltes Wasserglas. Sie können die Wirkung der Luft sehen und hören.

(5) Kerzen ausblasen

Die Kinder blasen eine Kerze aus, die sie sich in ihrer Phantasie vorstellen. Zartes Blasen, kräftiges Blasen – wer kann die meisten Phantasiekerzen ausblasen?

(6) Experiment: Luft zum Leben

Material:
Kerze, Glas

Eine brennende Kerze wird unter ein Glas gestellt und beobachtet, was geschieht. Die Kerze erlischt. Luft ist Nahrung für das Feuer.

(7) Stimme ist gestaltete Luft

Zwei Kinder spielen den Rufer und sein Echo. Der Sprecher beginnt mit einem »Hallo!«, das das Echo zurückgibt bis hin zum »Halloooooooooo ...«
Oder: Ein Kind spielt ein Tier und darf die Gruppe laut anknurren: »Knuuurrrrr ...«

(8) Laut und leise sprechen

Wir beobachten, wann wir mehr Atem brauchen: beim Leise- oder Lautsprechen bzw. Schreien. Dazu kann man diesen Text sprechen:

Flüstern:
Ganz leise krabbelt da ein Mäuschen –
baut sich ein Nest, das ist sein Häuschen.
Piep, piep, piep.

Sehr laut sprechen bzw. schreien:
Die Raben machen Krach: »Ra ra!«
Als wären sie alleine da!
Ra, ra, ra, ra, ra ...

(9) Max und der Wind

Der folgende Text lässt sich nachspielen. Ein Kind spielt
den Wind und bläst stark in die Richtung des Kindes,
das den Max spielt. Dieser schwankt im Wind, fällt sogar
vielleicht wirklich um.

Der Max steht heut' nicht grade,
der Max steht heut' ganz krumm.
Da kommt der starke Wind
und bläst ihn beinah' um!

(10) Die heilende Kraft des Atems

Entspanntes Atmen kann Schmerzen lindern: ein Thema,
das wir mit Kindern spielerisch erarbeiten können. Die
verschiedenen genannten Atemübungen helfen Kindern,
bewusster zu entspannen. Bekannt ist ein altes Heilri-
tual: Wenn sich ein Kind verletzt hat, blasen wir über die
Stelle, die ihm wehtut.

(11) Schnuppern und atmen

Die Kinder liegen auf dem Boden und bekommen etwas
Honigduftöl auf eine Hand. Diesen Duft sollen sie erraten, erschnuppern. Sie probieren, schnuppernd zu
atmen. Dabei können die Kinder eine Hand auf den
Bauch legen und fühlen, wie dieser beim Schnuppern
dick und dünn wird.

Material:
(Honig) Duftöl

(12) Duftwichtel

*Material:
Getrocknete
Blüten, Duftöl
oder aromati-
sierte Teemi-
schungen,
Stoffstück
(ca. 15 x 15 cm),
Filz, Schmuck-
band, Klebstoff,
Schere*

Die Blüten werden mit dem Öl beträufelt und auf die Mitte des Stoffes gelegt. Der Kopf des Wichtels wird geformt, indem man den Stoff zu einem Säckchen bindet. Aus Filz wird das Gesicht gestaltet.

Wer mit Dufttherapie Erfahrung hat, kann für kleine Patienten das entsprechende Öl aussuchen. Der Duftwichtel hilft dann, schneller gesund zu werden.

(13) Spaziergang im Wind

An einem stürmischen Tag machen wir einen Spaziergang und lauschen dem Wind in den Bäumen. Vielleicht erzählt er uns sogar etwas?

(14) Windspiel (I)

*Material:
Prägefolie,
Faden, Schere,
Nagel, dicke
Unterlage, ein
kleiner Ast oder
Holzring*

Aus der Prägefolie werden abstrakte oder gegenständliche Formen ausgeschnitten (je nach Geschicklichkeit der Kinder). Mit einem Nagel werden Löcher in die Metallfolie gestanzt. Danach werden die ausgeschnittenen Teile aufgefädelt und jeweils festgeknotet. Viele solcher Fäden werden an einem Ast oder Reifen befestigt. Die Stücke müssen dicht genug beeinander hängen, um Geräusche zu verursachen.

(15) Windspiel (II)

*Material:
Abdeckfolie*

Eine Abdeckfolie aus durchsichtigem Plastik wird von sechs bis acht Kindern gehalten und bewegt. So entsteht Wind. Wer möchte, kann sich darunter legen und von Wind und Meer träumen.

(16) Windlicht

Im Abschnitt »Symbol Feuer« findet sich auf Seite 62 eine Anleitung zur Herstellung von Windlichtern.

(17) Windräder

Ein quadratisches Papier wird so gefaltet, dass vier Faltlinien entstehen (siehe Abb.).
An der Markierung werden diese Faltlinien eingeschnitten.

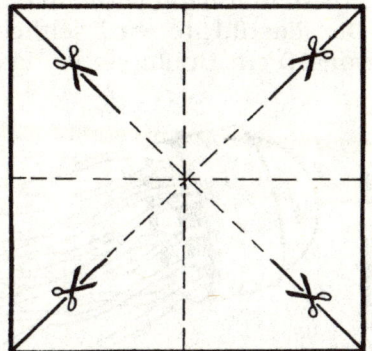

Material:
Papier, Stecknadeln, Strohhalme, Korken

Durch die vier Ecken sticht man eine Stecknadel, biegt die Ecken nach innen und heftet sie durch den Mittelpunkt fest.
Dann wird die Nadel durch einen Strohhalm gesteckt und mit einem Stück Korken abgesichert.

(18) Flatterwurf

Auf die Stoffstücke werden 2–3 Esslöffel Sand gegeben und diese zu einem Säckchen zusammengebunden. Viele bunte Papierstreifen (Länge ca. 1 m) werden daran befestigt. Die Bänder flattern beim Werfen der Stoffsäckchen durch die Luft. Welches Säckchen flattert am weitesten?

Material:
Stoffstücke (ca. 12 x 12 cm), Krepppapierstreifen, Bindfaden, Sand, Löffel

(19) Flatterspiel

Material:
Plastiktüte, Karton, Klebstoff, Schere, Faden, Stöcke aus dem Wald

Aus dem Karton wird ein ca. 10 cm breiter Ring gebastelt. Die Plastiktüte wird seitlich aufgeschnitten. Einen Rand von 10 cm Breite stehen lassen und den Rest der Tüte in Streifen schneiden.

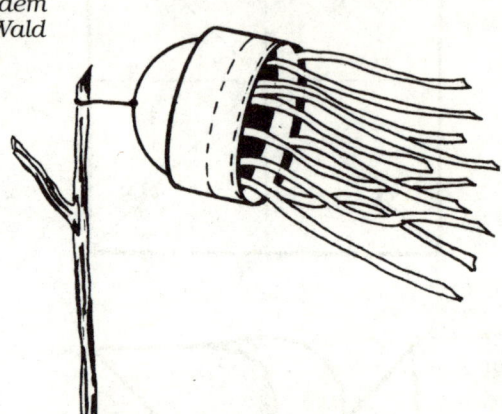

Die Tüte wird dann auf den Pappring geklebt. Zwei Löcher werden in den Ring gestanzt und eine Schnur durchgezogen. Dieses Windspiel kann man an Stöcken befestigen und in die Erde stecken.

(20) Flöten schnitzen

Material:
Glatter, astloser Zweig (z.B. Weide, Esche oder Kastanie, 1–1,5 cm dick, 15 cm lang), Taschenmesser

Von dem Zweig wird ringsherum vorsichtig die Rinde abgelöst ...

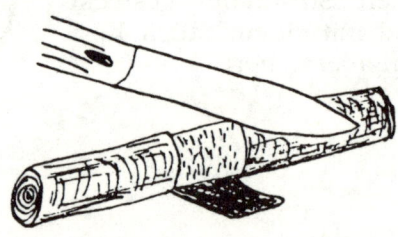

... und mit zugeklapptem Taschenmesser herausgeklopft. Nur Geduld, dann gelingt es!

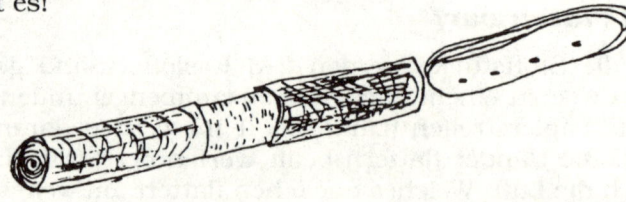

52

In das abgelöste Stück wird ein ca. 2 cm
großes Luftloch eingeschnitten.

Ein ca. 2 cm großes Stück des Kern-
holzes wird abgetrennt und auf das

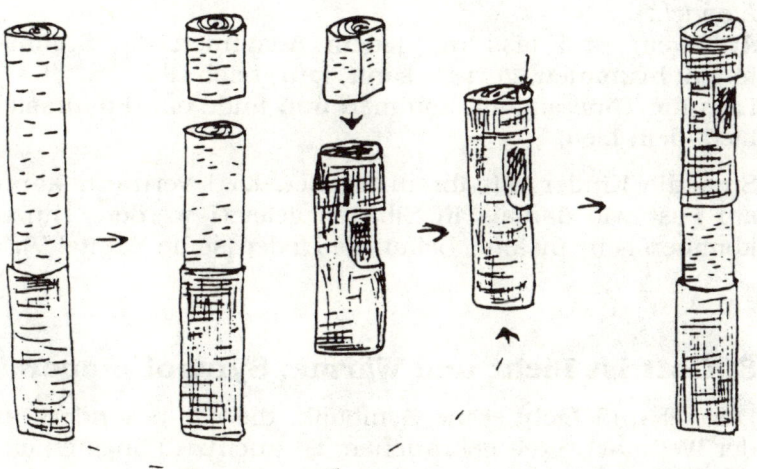

Mundstück gesetzt. Das Mundstück wird nun wieder auf
das Kernstück aufgesetzt, und es kann geflötet werden.
Je weiter man das untere Stück nach oben schiebt, umso
heller wird der Ton. Geübte können sogar eine Melodie
auf der Flöte spielen.

Aus: Johanna Woll,
Alte Kinderspiele,
Verlag Eugen Ulmer,
Stuttgart, 2. Auflage
1995.

(21) Bildcollage: Musik und Luft

Aus Bildern von Blasinstrumenten wird ein großes Poster gestaltet. Danach kann man Musik dieser Blasinstrumente anhören.

(22) Finde dein Lied

Die Ureinwohner Sibiriens feierten ein großes Fest, wenn ein Kind sein eigenes Lied gefunden hatte. Voller Freude, dass ein neues (G)Lied in die Gemeinschaft kam, strömten die Menschen von überall her, um zu feiern und dem neuen Lied zu lauschen.

L spricht:
Atme ein und lass mit jedem Ausatmen die Stimme tönen: brummen, gurren, sanft, laut, hoch tief.
Lass die Töne einfach kommen und finde ein (Phantasie) Lied, dein Lied.

Sind die Kinder mit ihrem eigenen Lied vertraut, kann ein Fest wie damals in Sibirien gefeiert werden. Hinzu kommen gemeinsame, bekannte Lieder (siehe Kapitel V).

3. Gott ist Licht und Wärme: Symbol »Feuer«

Dunkel und Licht: Eine Symbolik, die wir besonders in der Weihnachtszeit gebrauchen, ist auch zu Pfingsten ein schönes Zeichen. Der Heilige Geist zeigt sich in vielen Flammen. Schon im Alten Testament taucht das Bild auf: Gott erscheint Mose als brennender Dornbusch.
Pfingsten feiern wir in der Zeit des jungen Sommers. Die Sonne ist zurückgekehrt und hat uns neues Leben geschenkt. Die ganze Natur hat sich durch die Wärme der Sonne geöffnet. Alles wächst und grünt. Das Sonnenfeuer lässt Früchte reifen; wir können ernten.
Ohne Sonne wäre unser Planet eine Eiswüste. Erst die Sonne lässt Leben entstehen.
Gott ist Licht und Wärme, er macht unser Leben möglich. Wir alle kennen die Wirkung des Lichts, einer Kerze im Dunkeln. Licht ist ein Symbol des Lebens, der Hoffnung,

der Freude. Licht ist Leben! Jesus sagt: »Ich bin das Licht der Welt.«

(1) Die Königstochter

Das folgende Märchen kann in einem abgedunkelten Raum erzählt werden. Zum Schluss wird eine Kerze angezündet. Die Kinder können das Licht in den Augen der anderen Kinder betrachten.
Ein Gespräch kann sich anschließen: Warum waren die Burgbewohner nicht froh? Was brauchen wir zum Leben? Ohne Licht gibt es kein Leben.

Es war einmal eine Königsburg. Die Menschen, die in ihr lebten, waren sehr reich. Aus Angst um alle ihre Schätze bauten sie eine hohe Mauer um die Burg. Es kam kaum noch Sonnenlicht herein.
Düster und kalt war es in der Burg. Auch die Augen der Menschen waren düster und kalt. Die Burgbewohner waren unzufrieden. Warum, wussten sie nicht. Sie beschwerten sich beim König. Dieser versprach zu helfen. Er sagte: »Ich werde euch noch mehr Reichtum verschaffen. Meine Söhne sollen euch die größten Schätze der Welt suchen und erobern.«
So zogen die Söhne mit ihren Soldaten aus.
Das jüngste Kind, die Königstochter, blieb in der Burg. Sie wunderte sich über den Aufwand der Brüder, die auszogen, um noch mehr Reichtum zu finden.
Nach langer Zeit kamen die Königssöhne und Soldaten mit Schätzen beladen zurück. Alles wurde in die Burg gebracht. Doch rechte Freude kam unter den Burgbewohnern nicht auf. Ihre Augen waren immer noch düster und kalt.
Da kam die Königstochter und stellte eine brennende Kerze in die Mitte.
Plötzlich leuchteten die Augen der Menschen voller Glanz und Freude. In ihren Augen war das Kerzenlicht zu sehen. Es strahlte in jede Ecke und in jedes Herz. Auch das Gold und Silber wurde im Schein der Kerze viel schöner.
Zum ersten Mal seit vielen, vielen Jahren waren die Augen der Menschen leuchtend warm.

(2) Experiment: Weizen säen

Wir säen Weizen in zwei Schalen aus. Eine stellen wir auf das Fensterbrett, die andere kommt an einen dunklen Ort (Schrank, Keller). Kann der Weizen wachsen?
Alle Pflanzen, alle Tiere, alle Menschen brauchen Licht. Alle brauchen Gott.

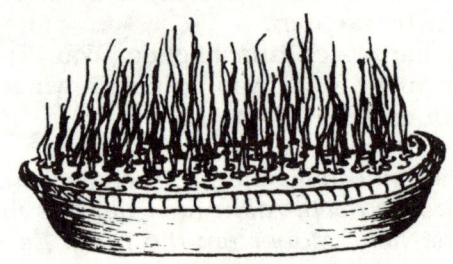

(3) Kerzensonnen

Material: Formen für Gipsmasse (Sonnen), Wachs, Docht, Goldpuder

Geschmolzener Wachs wird in die Formen gegossen, die man zuvor mit Öl oder Goldpuder bestreicht. Ein Docht wird vor dem Erkalten hineingesteckt.

(4) Sonnen am Stock

Material: Gelbes Tonpapier, Klebstoff, Schere, Stift, Stöcke, Schablonen

Eine große Sonne wird auf Tonpapier aufgemalt und ausgeschnitten (Vorlage: siehe Seite 59). Ein Kreis wird ausgeschnitten und hinten an die Sonne geklebt. Eine Öffnung wird freigelassen, um den Stock hindurchzuschieben.
Die Stocksonnen können mit Bändern und Grün geschmückt werden. Hat jedes Kind eine Sonne, ergibt dies in der Kirche oder bei einem Umzug ein wunderschönes Bild.
Auch in einem Blumentopf sehen die Sonnen dekorativ aus. Für diesen Zweck sollte man evtl. Moosgummi (wasserfest!) statt Tonpapier verwenden.

(5) Sonnentanz

An einem schönen Tag kann die Sonne mit einem Tanz begrüßt werden (siehe Seite 34).

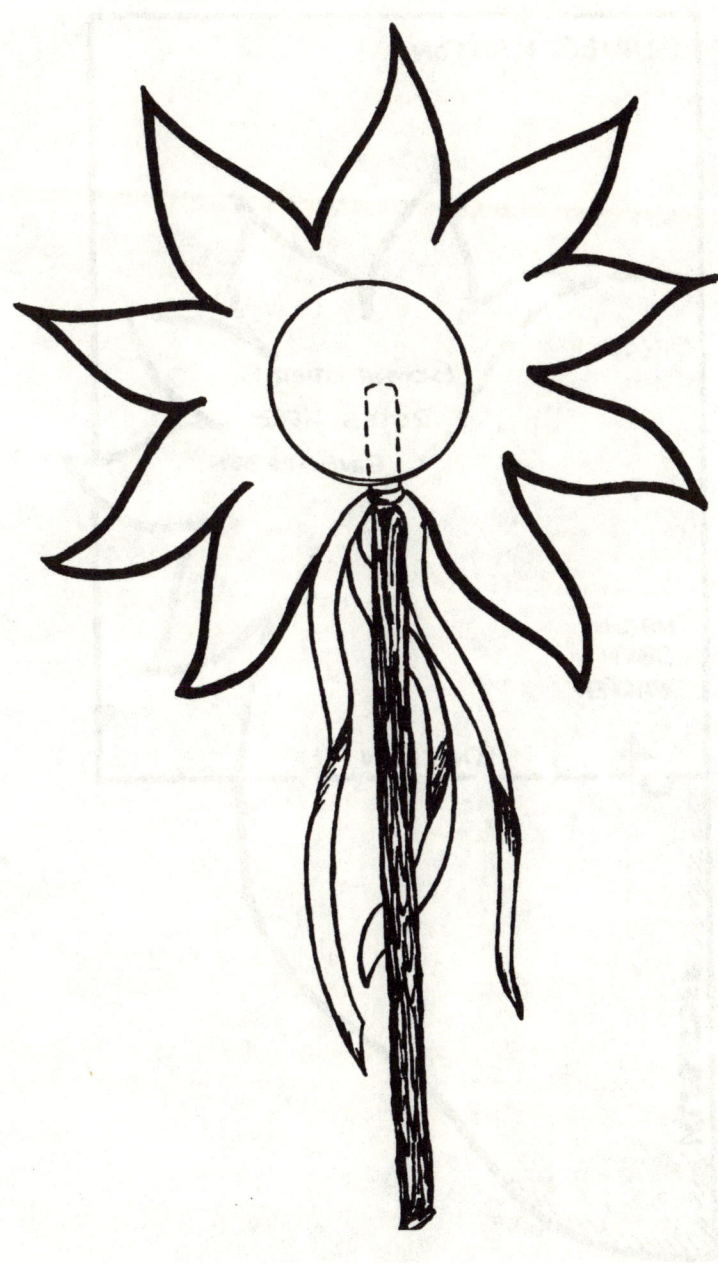

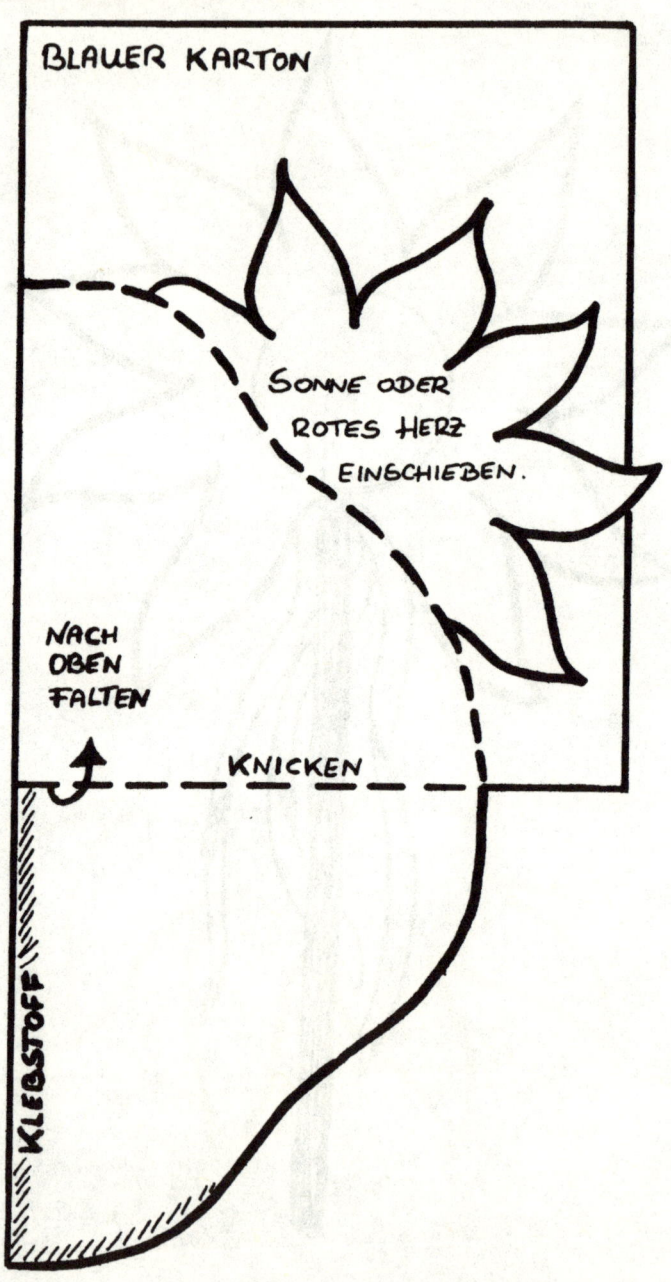

(6) Sonnige Grußkarten

Aus blauem Tonpapier wird die Hülle (der Himmel) für die Sonne gestaltet. Aus dem gelben Tonpapier schneidet man die Sonne aus. Diese wird so in die Hülle gesteckt, dass sie noch ein Stück sichtbar ist. Das Papier wird an der gestrichelten Linie geknickt und an der Seite festgeklebt.

Zum Pfingstfest, aber auch zu anderen Anlässen ist dies eine hübsche Gruß- oder Einladungskarte.

Material:
Blaues und gelbes Tonpapier,
Klebstoff, Schere,
Schablonen

(7) Bandornament »Frühlingsblumen«

Wir geben unserem Raum eine Frühlingsnote, indem wir Blumengirlanden basteln (in gleicher Weise wie die Herzgirlanden auf Seite 44).

(8) Papierblumen

Material:
Seiden- oder
Krepppapier,
Krepppapier-
Wickelband,
Wattekugeln,
Blumendraht

Der Blumendraht wird durch die Wattekugeln gesteckt und die Enden zusammengedreht. Ein Stück Seidenpapier wird um die Kugeln gedrückt und unten abgebunden. Ein weiterer Papierstreifen (Länge ca. 50 cm) wird geschnitten, gefaltet und um die Blumenmitte (Kugel) gelegt, dann mit Wickeldraht befestigt. Der Blumenstängel entsteht ebenfalls aus Draht, mit Krepppapier umwickelt. Viele solcher Blumen können als Girlande aneinander gereiht werden.

(9) *Pfingstkarte mit Kerze*

Auf einen bunten Papierstreifen wird die Hälfte einer Kerze gemalt und ausgeschnitten. Die Kerze und der Streifen werden so aufgeklebt, dass eine Positiv-Negativ-Optik entsteht.

*Material:
Weißes und buntes Tonpapier,
Stift, Schere,
Klebstoff,
Schablone*

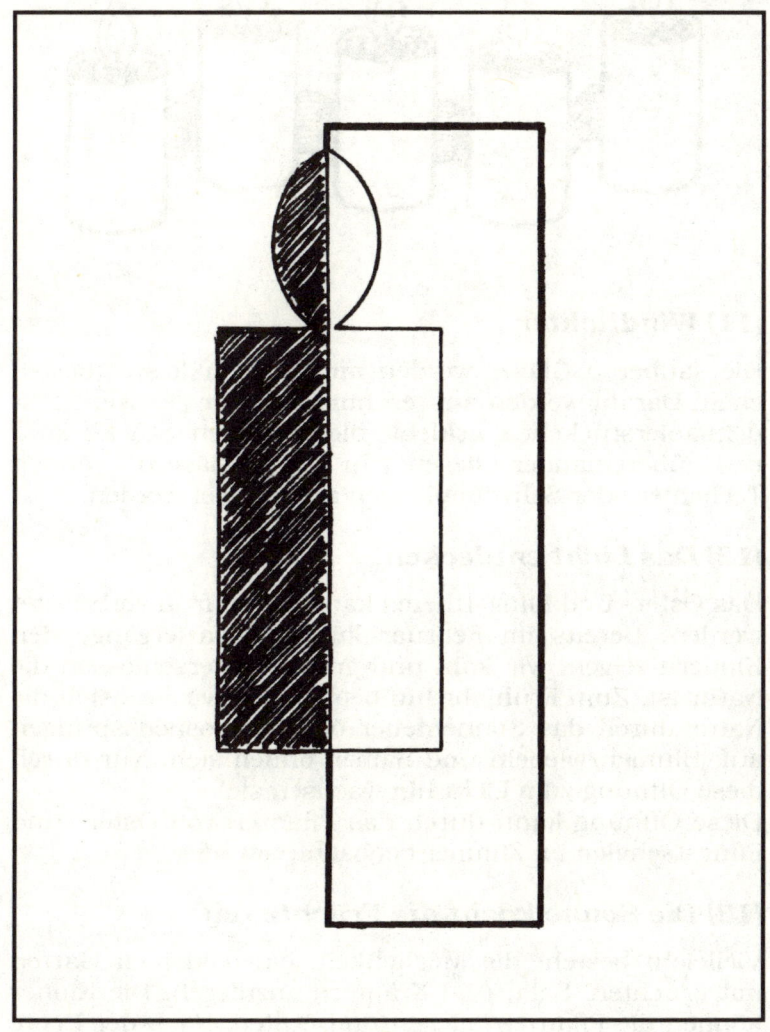

(10) Kerzenband

Ein Papierband aus Kerzen ist ein besonderer Tischschmuck für unsere Pfingstfeier (Anleitung siehe
Seite 44).

(11) Windlichter

Material:
Alte Gläser, bun-
tes Seidenpapier,
Tapetenkleister,
Schere, Pinsel

Die sauberen Gläser werden mit Tapetenkleister bestrichen. Darauf werden ausgeschnittene oder gerissene Sei-
denpapierstückchen geklebt; die einzelnen Stücke können übereinander liegen. In den Gläsern können
Teelichter oder Schwimmkerzen angezündet werden.

(12) Das Licht entdecken

Das Oster- und Pfingstthema kann schon früh vorbereitet
werden. Bereits im Februar können Spaziergänge den
Kindern zeigen, wie kahl und grau, wie verschlossen die
Natur ist. Zum Frühjahr hin beobachten wir, wie sich die
Natur durch das Sonnenfeuer öffnet. Knospen springen
auf, Blumenzwiebeln und Samen öffnen sich. Nur durch
diese Öffnung zum Licht hin wachsen sie.
Diese Öffnung kann durch das Pflanzen von Oster- und
Pfingstschalen im Zimmer beobachtet werden.

(13) Die Sonne kocht die Früchte reif

Vielleicht besteht die Möglichkeit, einen kleinen Garten
mit Früchten, Salat und Kräutern anzulegen. Die Kinder
können die Pflanzen pflegen und ernten. Nach der Ernte

stellen wir uns im Kreis auf und bedanken uns bei der Mutter Erde für die Früchte und Kräuter, die wir später gemeinsam zubereiten: beispielsweise als frischen Salat mit Kräutern, als Kräutertee oder als Erdbeerbowle für die Pfingstfeier.

Der Besuch in einem Nachbarsgarten oder die Ernte auf einem Erdbeerfeld bieten sich als Alternative zum eigenen Garten an.

Zubereitung der Erdbeerbowle:
2 Liter Früchtetee werden mit Honig gekocht. Nach dem Abkühlen gibt man Erdbeeren und evtl. Mangostücke hinein.

Erdbeerbowle: Früchtetee, Honig, Erdbeeren, Mango

(14) Sonnenbrot

Durch die Sonne öffnen sich Samen und wachsen zu Pflanzen heran, die Menschen und Tiere ernähren. Wir freuen uns und danken dafür. Der Sonne zu Ehren backen wir ein Brot. Das Sonnenbrot ist ein schönes Abendmahlsbrot für den Pfingstgottesdienst.

Beim Brotbacken verändert sich der Teig durch die Backofenhitze (Feuer). Eine Verwandlung vollzieht sich.

Backanleitung:
Mehl, Salz und Backpulver werden in einer Schüssel gemischt, Sonnenblumenkerne dazu gegeben und alles mit dem Quark und den Eiern verknetet. Mit bemehlten Händen formt man eine runde, dicke Teigplatte, in die man eine Sonne schneidet (die Teigreste zu Brötchen formen). Die Sonne kann mit Hilfe einer Schablone geschnitten werden.

Das Brot wird auf ein mit Backpapier ausgelegtes Backblech gelegt und mit Sonnenblumenkernen bestreut. Dann wird es im vorgeheizten Backofen bei 200°C 25–30 Minuten gebacken.

Während des Backens wird eine feuerfeste Form mit Wasser in den Ofen gestellt.

Material: Schüssel, Messer, Backpapier, Backblech, Backzutaten (500 g Weizenmehl Typ 1050, 1 P. Backpulver, 2 TL Salz, 4–5 EL Sonnenblumenkerne, 500 g Magerquark, 2 Eier, Sonnenblumenkerne zum Bestreuen

Auf eine Kuchenplatte kann als Dekoration eine Tonpapiersonne gelegt und das Sonnenbrot darauf serviert werden (Vorlage: siehe Seite 59).

(15) Buttons

Buttons zum Thema »Früchte des Geistes« können beispielsweise nach einem Pfingstgottesdienst verteilt werden. Die abgebildete Schablone wird entsprechend ver-
kleinert, ausgeschnitten, bunt gemalt und mit einer
Anstecknadel hinterklebt.

IV. Pfingstbrauchtum

Das Brauchtum zu Pfingsten ist stark vom bäuerlichen Jahreskreis geprägt. Der Frühling hat endlich Einzug gehalten, die Sonne wärmt die Erde, lässt alles wachsen. Samen öffnen sich und tragen Früchte. Pfingstbräute, Pfingstwasser, geschmückte Türen, Pfingstbutz und Pfingstquack sind Siegeszeichen des Sommers über den Winter, des Lichtes über das Dunkel, des Lebens über den Tod.

(1) Pfingstfeuer

Früher wurden an Pfingsten häufig Pfingstfeuer entzündet. Dieses Feuer stand als Symbol für den Heiligen Geist (Feuerzungen) und die lebensnotwendige Kraft der Sonne. Durch Tanz um dieses Feuer wird die Lebenskraft des Geistes und die Freude sichtbar gemacht.

(2) Pfingstochse

In der Zeit um Pfingsten kommt das Vieh auf die Weide – Gelegenheit für ein letztes Frühlingsfest. Der Pfingstochse wird heute noch in manchen Gegenden geschmückt. In vorchristlicher Zeit war er ein Opfertier.
Früher verkleideten sich Kinder manchmal als Pfingstochsen. Sie zogen singend durch das Dorf und begrüßten den Sommer. Es gab Kuchen und Gebäck dafür.
Sicherlich macht dieser Brauch Kindern heute noch Spaß!

(3) Pfingstquack

Der Pfingstquack ist eine Lichtgestalt. In einigen Gegenden wird er goldener (güldener) oder grüner Mann genannt. Wer ihn berührt, berührt ein Stück des Sommers, der Sonne, des Lebens. Da viele ihn deshalb anfassen wollen, wird er oft durch das ganze Dorf gejagt. An manchen Orten kann man dieses Schauspiel erleben; ganze Umzüge mit grün geschmückten Wagen finden

Material:
Blätter von Bäumen, Stöcke,
Pappteller,
Schere, Klebstoff

65

statt. Wir können selber einen Pfingstquack basteln; mit Hilfe von Papptellern ist dies ganz einfach:

Für die Blättermasken schneiden wir in die Pappteller Augen und Mund ein. Danach werden die Teller mit den gesammelten, nicht gepressten Blättern beklebt. Diese Masken werden an Stöcken befestigt.

(4) Türgirlanden

Eine geschmückte Tür hat nicht nur einen einladenden Charakter. Grün geschmückte Türen zu Pfingsten symbolisieren auch die Türen, die sich öffnen für den Sommer, die Sonne, das Leben, die Liebe.

(5) Schwebende Tauben

Vögel stehen für das göttliche Prinzip, den freien Geist. Die Taube ist ein Symbol, das Gott den Menschen schickt: das Friedenszeichen Gottes. Eine lebendige oder hölzerne Taube schwebte früher zu Pfingsten als ein Zeichen des Geistes durch die Kirchen.

(6) Früchtebaum

Der Früchtebaum ist eine Verbindung zwischen dem bäuerlichen Leben, dem Frühsommer und dem Text aus Gal 5,22: »Die Frucht des Geistes aber ist Liebe, Treue, Friede, Freundlichkeit, Güte, Freude, Milde.«

Material:
Baum oder
Zweig, Papier,
Stifte, Schere

An einem Baum oder Zweig werden Zettel oder ausgeschnittene Papierfrüchte oder -herzen aufgehängt, auf denen die »Früchte des Geistes« aufgeschrieben sind: Liebe, Treue, Friede usw.

Jede/r aus der Gruppe oder Familie darf sich eine Frucht pflücken. Diese Frucht, dieser Wunsch soll sie/ihn bis zum nächsten Pfingstfest begleiten.

Schön sehen auch immergrüne geschmückte Pflanzen aus.

(7) Pfingstschalen

Material:
Flache Schalen
mit Blumenerde,
Weizenkörner,
evtl. Dekorations-
material

Der Samen steht für das Leben Jesu, aus dem Früchte entstehen. Zum Pfingstfest wird Weizen in einer Schale ausgesät. Man kann beobachten, wie sich die Samen öffnen und wachsen. Diese Öffnung symbolisiert Wachstum und Veränderung. Der Weizen braucht dafür Licht, Wasser und Luft.
Die Weizenschalen können bunt geschmückt werden.

(8) Ein Geburtstagsfest der Kirche

Pfingsten kann als Geburtstagsfest der Kirche mit allem gefeiert werden, was dazu gehört: Kerzen, Kuchen, Tischschmuck, Luftballons, Blumen, Spiele, Lieder. Viele Dekorationsideen für dieses fröhliche gemeinsame Fest finden sich in den Abschnitten über die Arbeit mit Symbolen.

V. Pfingstlieder

»Hast du Töne?«, sagen wir manchmal, wenn wir erstaunt sind. Viele Töne bilden das Klangmuster unseres Lebens: laute, leise, zarte, helle, dunkle, das Lachen, das Weinen, die Liebe, die Wut, das Staunen, die Melodie unserer Träume. Singen ist eine Möglichkeit, Wahrnehmungen und Empfindungen auszudrücken. Verlieren wir unsere Lieder, verlieren wir ein Stück Lebendigkeit.

Zu allen Zeiten wurden Gottheiten und Ahnen durch Gesang gerufen und verehrt. Die Mythologie der australischen Aborigines besteht aus Schöpfungsberichten und Liedern der Urwesen, der Wondschinas. Diese Gesänge (dream lines, song lines) überziehen das Land wie ein Geflecht. Sie sind die Landkarte der Traumzeit.

Auch zum alltäglichen Leben der Israeliten gehörte der Gesang. Die größte Liedsammlung bietet das Buch der Psalmen. Im folgenden findet sich eine Auswahl moderner Lieder, die sich zum Erleben des Pfingstfestes mit Kindern eignen (siehe auch Seite 54).

(1) Bin ganz Ohr

Refrain: Bin ganz Ohr und bin ganz still, weil ich die Stil-le hö-ren will.

1. Hör das Mur-meln in dem Bach, schau den Blät-ter-schiff-chen nach. —

T und M:
Dorothee Kreusch-Jacob

Rechte:
Patmos Verlag, Lahr

69

2. Hör das Flüstern in den Zweigen,
Mücken tanzen ihren Reigen.

3. Hör den Wind durch Gräser weh'n,
kann die Wolken ziehen seh'n.

4. Trauerweide wäscht ihr Haar,
erzählt dem See, wie's damals war.

5. Ins stille Wasser fällt ein Stein
und zaubert Ring für Ring hinein.

(2) Eine freudige Nachricht breitet sich aus

T und M:
Martin Gotthard
Schneider

Rechte beim Autor

freu - di - ge Nach-richt brei-tet sich aus.

1. Men-schen leb-ten ent-täuscht und ver-zagt,

kei-ner, der noch zu hof-fen gewagt. Doch

Da capo Refrain

da hat ei-ner die Nach-richt ge-sagt.

2. Erst war die Nachricht noch wie versteckt.
Drei oder vier, die haben's entdeckt
und haben die Nachbarn aufgeschreckt.

3. Türen und Fenster rissen sie auf,
schrien's die Straße hinunter, hinauf.
Und so nahm die Freude ihren Lauf.

4. Einer fragte den Andern: »Du!
Hast du's gehört? Was sagst du dazu?«
Und Hunderte, Tausende wussten's im Nu.

5. Und wer sie hörte, irgendwann,
die Nachricht, die viele Menschen gewann,
für den fing ein neues Leben an.

(3) Ins Wasser fällt ein Stein

T: Manfred Siebald
M: K. Kaiser

Rechte: Pila Musik,
Dettenhausen

1. Ins Was-ser fällt ein Stein ganz heim-lich, still und lei – se,_____ und ist er noch so klein, er zieht doch wei - te Krei – se._____ Wo Got - tes gro - ße Lie - be in ei - nen Men - schen fällt, da wirkt sie fort in Tat und Wort hi - naus in uns - re Welt._____

2. Ein Funke, kaum zu seh'n,
   entfacht doch helle Flammen,
   und die im Dunkeln steh'n,
   die ruft der Schein zusammen.
   Wo Gottes große Liebe in einem Menschen brennt,
   da wird die Welt
   vom Licht erhellt,
   da bleibt nichts, was uns trennt.

3. Nimm Gottes Liebe an.
   Du brauchst dich nicht allein zu müh'n,

72

denn seine Liebe kann
in deinem Leben Kreise zieh'n.
Und füllt sie erst dein Leben und setzt sie dich in Brand,
gehst du hinaus,
teilst Liebe aus,
denn Gott füllt dir die Hand.

(4) Jesus, weil du ein Kind geworden bist
(»Feuer und Flamme«)

T und M:
Daniel Kallauch

Rechte:
cap!-music, Altensteig

1. Je-sus, weil Du ein Kind ge-wor-den bist,

Je - sus, weil Du mich so gut ver -

stehst. Je - sus, weil Du

im - mer zu mir hältst,

Je - sus, weil Du mich kennst und trotz - dem

liebst. Refrain: Da-rum

will ich für Dich le - ben, da - rum

73

Am⁷
will ich ___ Dir ver-trau'n, ___ ich will

G   **Dm⁷ C/E**
al-les ___ für Dich ge – ben, ___ denn ich

F   **G**   **F**
bin Feu-er und Flam-me, ___

               G
Feu-er und Flam-me, ___ Feu-er und

F   **G⁴**
Flam-me, ___ Je-sus, für Dich! ___

1. G   **2. G**
Ich bin Feu-er und

2. Jesus, weil du meine Bitten hörst,
   Jesus, weil du dich nicht daran störst.
   Jesus, weil du mein Freund und Helfer bist,
   Jesus, weil du mich kennst und trotzdem liebst.

(5) Komm, Herr, segne uns

T und M:
Dieter Trautwein

Rechte: Strube Verlag,
München

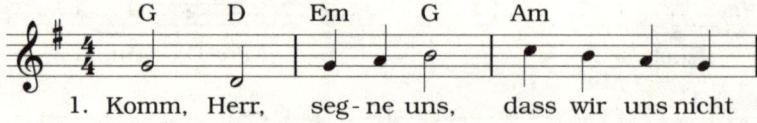

G   **D**   **Em**   **G**   **Am**
1. Komm, Herr, seg-ne uns, dass wir uns nicht

tren - nen, son - dern ü - ber - all
uns zu dir be - ken-nen. Nie sind wir al - lein,
stets sind wir die Dei - nen. La - chen o - der
Wei - nen wird ge - seg - net sein.

2. Keiner kann allein Segen sich bewahren.
Weil du reichlich gibst, müssen wir nicht sparen.
Segen kann gedeih'n, wo wir alles teilen,
schlimmen Schaden heilen, lieben und verzeih'n.

3. Frieden gabst du schon, Frieden muss noch werden,
wie du ihn versprichst uns zum Wohl auf Erden.
Hilf, dass wir ihn tun, wo wir ihn erspähen –
die mit Tränen säen, werden in ihm ruh'n.

(6) *Kommt, wir pflanzen den Hoffnungsbaum*

Refr.: Kommt, wir pflan-zen den Hoff-nungs-baum!
Kommt! Kommt! Kommt! Kommt! 1. Die

T: Kurt Rose
M: Lele und Detlev
Jöcker

Rechte:
Menschenkinder
Verlag, Münster

Wur - zeln, die Wur - zeln, das
sind Ge - dan – ken und Träu – me, die
grei - fen, die wach- sen ge - gen den Eis- sturm, die
Angst. Der Baum, der nicht bricht,
un – ter dem Gott wohnt, der
Baum Fürch - te dich nicht! Der
Baum Fürch - te dich nicht.

2. Die Äste, die Zweige,
   das sind Gespräche und Gebete,
   die treiben, die steigen
   gegen den Wirrwind, die Angst.
   Der Baum, der nicht bricht ...

3. Die Blüten, die Blätter,
   das sind unsere Lachen und Lieder –
   die blühen, die grünen
   gegen den Nachtwind, die Angst.

(7) Viele kleine Leute (Kanon)

T und M:
Bernd Schlaudt

Rechte beim Autor

1. F — Gm — C — F
Vie-le klei-ne Leu-te an vie-len klei-nen Or-ten, die

Dm — Gm — C — F
vie - le klei - ne Schrit - te tun,

2. Gm — C — F
kön-nen das Ge-sicht der Welt ver-än-dern,

Dm — Gm — C — F
kön-nen nur zu-sam-men das Le-ben be-stehn.

3. Gm — C — F
Got - tes Se - gen soll sie be - glei - ten,

Dm — Gm — C — F
wenn sie ih - re We - ge gehn.

(8) Vom Anfang bis zum Ende

T und M:
Daniel Kallauch

*Rechte:
cap!-music, Altensteig*

E — A
Vom An-fang bis zum En - de___

B♮7 — E — F♯m
hält Gott sei-ne Hän – de___ ü-ber mir

und ü-ber dir. Ja, er hat es ver-

spro - chen, __ hat nie sein Wort ge -

bro - chen: __ »Glau - be mir,

ich bin bei dir! __ Im-mer __ und

ü - ber- all, __ im - mer __ und ü - ber- all, __

im - mer bin ich da!« da!«

(9) Wenn du singst

mündlich überliefert

Wenn du singst, sing nicht al - lein, __

steck an - dre an, __ sin - gen kann Krei -

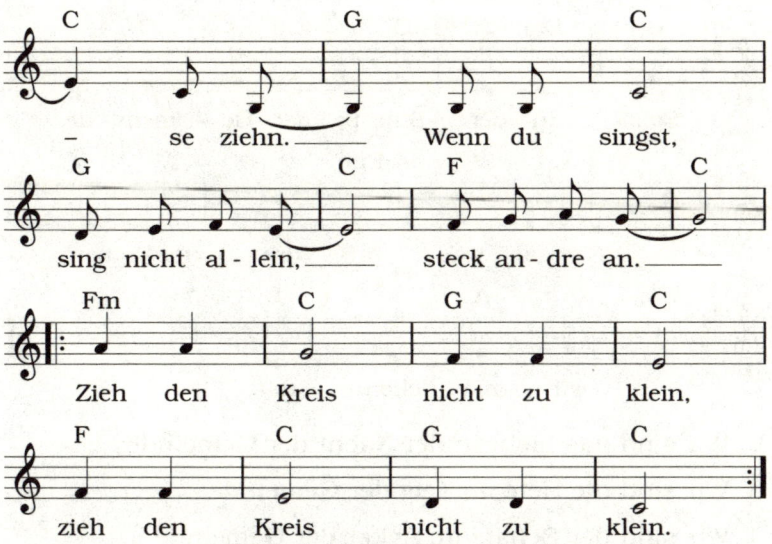

– se ziehn. Wenn du singst, sing nicht al-lein, steck an-dre an.

Zieh den Kreis nicht zu klein,

zieh den Kreis nicht zu klein.

2. Wenn du lebst, leb nicht allein, hilf anderen auch.
   Helfen kann Kreise zieh'n.

3. Wenn du isst, iss nicht allein, gib anderen auch.
   Geben kann Kreise zieh'n.

(10) Wir sind die Kleinen

1. Wir sind die Klei-nen in den Ge-
mein-den, doch oh-ne uns geht
gar nichts, oh-ne uns geht's schief; wir sind das

T: Jürgen Fliege,
Dietmar Fissel
M: H. Clausen

Rechte:
tvd-Verlag, Düsseldorf

Salz in der Sup-pe der Ge-mein-de.

E-gal, was an-dre mei-nen,

wir ma-chen mit.

2. Wir sind das Licht in der Nacht der Gemeinde ...

3. Wir sind die Hefe im Teig der Gemeinde ...

4. Wir sind der Schatz im Acker der Gemeinde ...

5. Wir sind die Kinder im Leben der Gemeinde ...

(11) Lieder im »Gotteslob«:

Der Geist des Herrn erfüllt das All
Komm, Schöpfer Geist, kehr bei uns ein
Lass uns in deinem Namen, Herr
Manchmal kennen wir Gottes Willen
Unser Vater in dem Himmel
Wir bitten, Herr, um deinen Geist
Wir sprechen verschiedene Sprachen

(12) Lieder im Evangelischen Gesangbuch:

Erneure mich, o ewiges Licht
Gottes Liebe ist wie die Sonne
Gott wohnt in einem Lichte
Gott gab uns Atem, damit wir leben
O dass doch bald dein Feuer brennte
Unser Leben sei ein Fest
Weißt du, wo der Himmel ist